Crecer en una familia bilingüe

La educación plurilingüe
en casa y en la escuela

Crecer en una familia bilingüe

La educación plurilingüe en casa y en la escuela

Elke Montanari

ceac familia

Dedicado a Luisa, Valerio y Alessio
y a todos los niños que viajan para descubrir el mundo.

Título original: *Mit zwei Sprachen groß werden*

© 2002 por Kösel-Verlag GmbH & Co., München

© Ediciones Ceac, 2007
  Planeta DeAgostini Profesional y Formación, S.L.
  Avda. Diagonal, 662-664 - 08034 Barcelona (España)
  Para la presente edición en lengua castellana
  www.editorialceac.com
  info@editorialceac.com

Traductor: José Dimas Borja Álvarez

Producción editorial: EdiDe

ISBN: 978-84-329-1864-3

Depósito legal: M-13.449-2007

Impreso en España por Rotapapel

Índice

Prólogo

En Alemania, el plurilingüismo afecta solamente a un sector minoritario de la población. Pero, ¿a qué nos referimos cuando hablamos de un país plurilingüe? En realidad, cuando se aplica esta expresión se suele pensar en países como Suiza o Bélgica, en el llamado «crisol» norteamericano o, tal vez, en los distintos estados del continente africano. En Alemania, quienes hablan en otras lenguas distintas del alemán y los sectores de la población que hablan indistintamente en dos o más lenguas no han estado tan presentes en la conciencia colectiva como para haber tenido la oportunidad de dejar su impronta en la mentalidad general del país. Aunque últimamente el debate desatado en Alemania ha demostrado con claridad que es un país con un gran número de inmigrantes, se dedica relativamente poca atención al fenómeno del plurilingüismo, a pesar de que la cuantía y la importancia de la población procedente de otras culturas han aumentado enormemente. Este incremento se ha puesto en evidencia en el curso de los debates surgidos con motivo de la aprobación de la Ley de Inmigración. Así, por ejemplo, en el informe de la Comisión Independiente sobre Inmigración (Comisión Süssmuth), no se dedica ninguna atención a este tema. Solamente se hace hincapié expresamente en la «incuestionable» necesidad de que los inmigrantes aprendan alemán. Da la impresión de que es necesario elegir entre todas las lenguas y decidirse por una de ellas. Apenas se le presta atención a la solución más fácil y natural, como es el plurilingüismo. Ahora bien, adoptar esta salida significaría que debería fomentarse no sólo el aprendizaje de la lengua alemana, sino también el de las lenguas de origen de los distintos ciudadanos que conviven en el país germano.

Sin embargo, tampoco se puede decir que en Alemania no se haya tratado nunca el tema del plurilingüismo. Se podría afirmar que actualmente parece haber un amplio consenso en que los niños alemanes deberían aprender otras lenguas, además del alemán, con mayor intensidad que hasta ahora. Es fácil hallar los motivos de tal acuerdo en las relaciones cada vez más estrechas entre los países que componen la Unión Europea, así como en la necesidad de hacer frente y de adaptarse al fenómeno de la globalización. Estancias más prolongadas en el extranjero, así como estar preparados para emplear otros idiomas en el puesto de trabajo situado en el propio país, son exigencias que ya no se pueden restringir a un pequeño grupo de trabajadores con altas calificaciones profesionales. A tal efecto es necesario crear con gran rapidez un número cada vez mayor de parvularios, academias y escuelas que sean bilingües.

Si tenemos en cuenta este panorama, resulta asombroso comprobar cómo el plurilingüismo existente actualmente en Alemania ha recibido comparativamente poca atención y escaso apoyo. Este fenómeno es una de las consecuencias del acercamiento entre los países europeos y la globalización mundial, y ofrece un potencial enorme desde el punto de vista cultural y económico. Su fomento favorece los intereses de la totalidad de la población. La organización de cursos de lengua alemana sirve para resolver el problema solamente a medias.

La tarea probablemente más importante consiste en promover que haya niños criados en dos o más lenguas. En tales casos, el plurilingüismo se desarrolla en el seno de familias que viven en un entorno predominantemente monolingüe, tanto si ambos progenitores hablan otra lengua como si uno de ellos, o incluso los dos, habla alemán. Los padres deben resolver una serie de problemas prácticos, y enfrentarse a sus propias dudas sobre la posibilidad de criar a sus hijos en dos lenguas distintas y a las reservas y los prejuicios del entorno monolingüe. Muy a menudo se sienten muy solos a la hora de enfrentarse a sus preguntas y sus dudas; en tales casos, es normal que se rindan ante la presión exterior que les fuerza a adaptarse al entorno monolingüe. Las consecuencias de tomar tal decisión pueden ser profundamente negativas, tanto para ellos, cuya lengua dejan de emplear, como para los niños, a quienes se les ponen dificultades para acceder a la cultura de sus padres.

Esta situación es tanto más lamentable por cuanto muchos de los posibles problemas se podrían resolver y, por lo tanto, eliminar muchas de las dudas que hacen referencia a la dificultad de que los niños aprendan dos o más lenguas desde su más tierna infancia. Los estudios lingüísticos y, sobre todo, sociolingüísticos han presentado durante los últimos 25 años los resultados de sus investigaciones, los cuales no dejan lugar a dudas sobre el hecho de que la capacidad de hablar de los seres humanos significa que tenemos predisposición al plurilingüismo, es decir, que tenemos la aptitud de adquirir simultáneamente dos o más lenguas.

Los estudios y las investigaciones anteriores habían dado a entender que una de las lenguas no se llegaba a aprender de manera completa y que el desarrollo intelectual del niño podía verse perjudicado al exigírsele un esfuerzo superior a sus posibilidades. Actualmente sabemos que los supuestos déficits en el dominio y la comprensión de las lenguas, si es que realmente existen, no tienen su causa en el plurilingüismo. En los estudios publicados hace ya algún tiempo parecía haberse comprobado que los resultados escolares obtenidos por los niños bilingües eran inferiores a los de los demás. Ahora bien, los niños que fueron objeto de estas investigaciones pertenecían a grupos de inmigrantes con unas fuertes carencias económicas, pertenecientes a estratos poco favorecidos socialmente, cuyos resultados escolares en realidad no se distinguían de los de los niños monolingües pertenecientes a estratos sociales parecidos. A menudo se atribuye al plurilingüismo la aparición de trastornos en el desarrollo de los pequeños (tanto reales como supuestos), como la tartamudez o el retraso en empezar a hablar, sin haberse demostrado nunca desde un punto de vista científico que haya ninguna correlación entre la supuesta causa y el defecto detectado. Sin embargo, otros estudios más rigurosos que han comparado a los niños plurilingües con niños monolingües de la misma edad han logrado rebatir estas afirmaciones y disipar todas las dudas al respecto.

En el campo de la investigación sobre el plurilingüismo infantil, domina actualmente la opinión unánime de que los niños que se han criado desde su nacimiento con dos (o incluso más) lenguas familiares, las distinguen sin ningún esfuerzo especial y desarrollan conocimientos lingüísticos separados, sin que para ello sean necesarios sistemas especiales de formación o intensas medidas de fomento. Lo verdaderamente importante es que el dominio gramatical de cada una de las lenguas se corresponda con el que poseen los niños monolingües de parecido estrato social en su única lengua. Evidentemente, esto no quiere decir que todos los niños empleen tales posibilidades con la misma soltura y habilidad que cuando utilizan sus respectivas lenguas, pues esto mismo cabe afirmar de los niños monolingües. Cada uno aprende a tener destreza en el empleo de la lengua o lenguas de una manera distinta, y las aptitudes expresivas van variando a lo largo de la vida. Sin embargo, la capacidad humana de aprender idiomas está a disposición de todos y permite adquirir una, dos o incluso tres lenguas especialmente durante la niñez. Como es natural, los adultos también podemos aprender otras lenguas distintas de la nuestra pero, como hemos podido comprobar en nuestra propia carne la mayoría de nosotros, los resultados que se obtienen en la edad adulta no son ni mucho menos tan buenos como los logrados durante la niñez.

Por éstas y otras razones parecidas, consecuencia de la dedicación al estudio de los niños plurilingües durante bastantes años, se puede deducir fácilmente que la crianza plurilingüe de los niños ofrece posibilidades que no se pueden alcanzar de otra manera más que haciendo esfuerzos mucho mayores, si es que realmente se llegan a lograr resultados comparables. Estos conocimientos seguirán sin producir ningún efecto de valor si no se ponen a disposición de los directamente afectados, en este caso los padres y los educadores, principalmente.

El mérito más destacado del libro de Elke Montanari es precisamente el de transmitir estos conocimientos. La autora ha logrado resumir la bibliografía científica en la que se ponen a disposición de las personas interesadas una gran variedad de conocimientos de gran utilidad en la educación plurilingüe, sin por ello haber simplificado, hasta hacerlos irreconocibles, los resultados a los que ha llegado la investigación científica. Para conseguirlo ha sido fundamental no sólo haber recibido formación especializada, sino también el hecho de disponer de una amplia experiencia profesional, de la que da cumplida muestra a través de numerosas citas y ejemplos a lo largo del texto, haciéndolo así más rico, ameno y fácil de leer. Por todo ello, no puedo menos que desear que este libro tenga muchos lectores y asegurarles que les resultará divertido y obtendrán provecho de su agradable y estimulante lectura.

Prof. Dr. Jürgen M. Meisel
Universidad de Hamburgo,
Instituto de Lingüística Románica/
Sección Especial de Investigaciones
y Estudios sobre Plurilingüismo

Acerca de mí misma y de este libro

Estudié lingüística en Berlín y me abrí paso en mi vida profesional a través de la enseñanza. A los pocos años conocí en Italia a quien sería mi marido. Nos casamos y, cuando se anunciaba la llegada de nuestro primer hijo, nos planteamos las cuestiones que todos conocemos: ¿debemos criarlo en dos lenguas?, ¿cómo lo conseguiremos? Volví a recuperar mis viejos libros de lingüística de mi época de estudiante y adquirí nuevos conocimientos, con los que descubrí hasta qué punto había ido avanzando la investigación en este ámbito.

Actualmente tengo tres hijos. Hablan alemán e italiano. A veces se comportan de modo parecido a lo que dicen mis libros, pero la mayoría de las veces la verdad es que no es así.

A medida que fui participando en numerosos seminarios y talleres con expertos y padres de familia, muchas de mis ideas fueron madurando y ampliándose. En este libro he reunido nuestros conocimientos, nuestras reflexiones y pensamientos, así como nuestras discusiones. Lo he descrito todo de la manera más clara y comprensible que he podido. Ya hay mucha bibliografía dirigida a los especialistas. Este libro debe servir de puente de ida y vuelta: de la vida real a la investigación y, a la inversa, de la investigación a la realidad.

Lo he escrito pensando en los padres de familia, en los abuelos, en las cuidadoras de los pequeños que ejercen de madres durante el día mientras la madre verdadera está ausente, en los amigos y amigas, en los educadores y educadoras, en los maestros y maestras, y en todos aquellos que tengan que relacionarse con niños que hablen o se estén criando en varias lenguas a la vez. También he tenido en cuenta a los estudiantes con el fin de que les sirva para introducirse sin agobios en el fascinante mundo del plurilingüismo.

He puesto ejemplos en muchas lenguas, y de este modo es fácil adaptar los contenidos a la situación de cada uno de los lectores. Todos los idiomas tienen la misma importancia y el mismo interés, pero no podemos disponer de un espacio infinito. Si usted no vive en un país de lengua alemana, todo lo que aquí se refiere al alemán también puede aplicarlo a su propia lengua escolar y a la de su entorno.

¡Diviértase leyendo!

Elke Montanari
www.mehrsprachig.info

13

¿De qué depende?

Sobre el habla

Lo que se dice hablar, todos hablamos constantemente. Por eso, en realidad, todos somos expertos en este tema. Por otro lado, raras veces nos ponemos a pensar sobre la manera en que nos entendemos unos con otros ni qué sensaciones tienen los niños cuando oyen hablar. Los padres que reflexionan acerca de las lenguas que hablan y las emplean de modo consciente, les abren a sus hijos e hijas las puertas que les permitirán entrar en varias culturas distintas. Por el mero hecho de haberse decidido a leer este libro, se puede decir que usted ha dado el primer paso para cruzar el umbral de esta interesante cuestión. ¡Adelante! ¡Pase!

Lo más importante: nos gusta hablar con los demás

Lo más importante al ponerse a hablar es que nos guste hacerlo, especialmente con personas que nos sepan escuchar. Es la única manera de comunicar y participar de alegrías y miedos, es la forma de volverse curioso y sentirse atraído por aprender la lengua del interlocutor. Por eso, todas las ideas, reflexiones y pensamientos acerca del plurilingüismo deben guiarse por el lema: «Estamos a gusto, nos gusta hablar».

Con los niños hablo en holandés, Vincenzo les habla en italiano, entre nosotros solemos hablar en italiano, y, de vez en cuando, en alemán. No hay ninguna lengua que todos compartamos. Al principio, esto no constituía ningún problema, pero ahora que nuestros hijos se van haciendo mayores y nos gustaría tener a veces conversaciones más serias, resulta que, aunque mi marido entiende el holandés, solamente lo sabe hablar un poco. ¡Bastante tiene con el alemán y el italiano! No tenemos una lengua familiar común. Sobre este tema hemos hablado mucho este último año.

Me he criado en una ciudad bilingüe, en Bruselas. Quizá por eso no me resulta difícil pasar de una lengua a otra. Mi marido se ha criado en un ambiente monolingüe y le altera sentirse rodeado por varias lenguas a la vez.

Laurette, Frankfurt

Vamos cambiando y los hijos van creciendo. Aparecen nuevos amigos, el parvulario, luego la escuela, la familia va en aumento o va evolucionando. Todo eso influye en nuestra manera de comunicarnos. Lo que hemos decidido hoy, puede que sea lo más apropiado ahora mismo pero no sirva dentro de unos cuantos años. Por eso resulta tan emocionante observar la manera en que va evolucionando el plurilingüismo: se está renovando constantemente.

Katrin-Jane tarda más en empezar a hablar pero, ¿es más inteligente?

Hay muchas opiniones, libros y trabajos de doctorado que tratan de la siguiente cuestión: ¿los niños que hablan varias lenguas tienen un desarrollo distinto del de los que solamente saben una lengua? Los últimos resultados obtenidos por los estudios de investigación relacionados con esta cuestión demuestran que los niños criados en varias lenguas son tan distintos entre sí como los que se han criado en un ambiente monolingüe. No tardan más en empezar a hablar, el momento en que lo hacen varía de niño a niño. No son ni más flexibles ni más inteligentes, aunque no falte quien les atribuya mayor vivacidad. Tienen las mismas dificultades para hablar o escribir que los demás niños de su edad. Pueden ser niños juguetones o tranquilos, alegres o reflexivos, y no sufren dificultades de identidad o confusiones de personalidad.

La variedad lingüística forma parte de la realidad en la que vivimos, es una parte de nuestra vida, o ¿es que los niños tienen que jugar con su abuela con un traductor al lado? ¿Queremos emplear en casa una lengua aprendida o bien nuestra propia lengua, la que nos resulta más íntima y familiar? El número de lenguas que hablamos entre nosotros pocas veces es una decisión libre. A menudo es sencillamente necesario.

En mi familia nadie se propuso marcarse el plurilingüismo como una meta. Antes de cumplir los 9 años de edad, viví con mi familia en distintos países de habla inglesa. Si hubiésemos vivido en Bélgica, no se hubiera producido el plurilingüismo. No fue nunca un objetivo, fue inevitablemente un resultado.

Jean-François, belga residente en Frankfurt, habla alemán, inglés, francés y castellano, y lee portugués

Haberse criado en varias lenguas proporciona muchas ventajas; pero a veces no deja de resultar difícil. Veamos este asunto con mayor detalle.

1 + 1 = 2: ¿cuándo se es bilingüe?

Kemal tiene 8 años. En casa hablamos en turco y alemán, nuestra familia es numerosa. La maestra dice que va muy bien en la escuela y que hace pocas faltas en los deberes. Cuando habla con nuestros parientes de Ankara, no siempre le sale del todo bien. ¡Pero es estupendo contando chistes en turco!

Ülkü, Berlín

¿Cuándo es alguien bilingüe? Los estudiosos del tema no se ponen de acuerdo en esta cuestión. Depende de lo que se entienda por bilingüismo. A unos les basta con unas cuantas palabras farfulladas más o menos bien en otro idioma, mientras que otros opinan que el bilingüe debe ser alguien que tenga las aptitudes de dos monolingües en una sola persona. Entre ambos extremos existe infinidad de matices intermedios. Tanto si nos decidimos por una u otra definición, por la exigente o por la laxa, podemos afirmar que la mayoría de los seres humanos son bilingües o plurilingües. Ser monolingüe constituye una excepción, e incluso en la Europa monolingüe hay muchas regiones que hablan más de una lengua: vasco y francés o castellano, catalán y francés o castellano, etc.

Mucho más importante es lo siguiente: ¿sé decir lo que quiero y conseguir lo que quiero?, ¿puede organizar mi hijo su vida diaria en las lenguas que escucha a su alrededor?, ¿aprende bien lo que le enseñan en la escuela y hace sus deberes?, ¿qué tal habla en casa cuando nos ponemos a charlar?, ¿hay de vez en cuando cosas que no entiende, como en todas partes, o tenemos la impresión de que no nos entendemos mutuamente hablando en casa? Si somos sinceros, los padres de familias monolingües también se enfrentan con estas dificultades y se preguntan por qué es tan inaccesible su hijo adolescente.

Entre los plurilingües se dan toda clase de matices. Todavía hay quienes piensan que los bilingües son una suma, $1 + 1 = 2$, es decir, algo así como dos monolingües en una sola persona. Esta descripción es demasiado simple para retratar la realidad. El bilingüe equilibrado, cuyo fantasma suele figurar en la bibliografía especializada, no es más que eso, un fantasma, no un ser humano de carne y hueso. Muy raras veces consigue una persona dominar dos lenguas con la misma soltura y corrección. La mayoría de los que hablan en varias lenguas saben contar cosas distintas en lenguas diferentes. Suelen desarrollar lenguas fuertes y lenguas débiles. Hay cosas que suenan mejor en una lengua y otras en la otra.

De las condiciones en las que viva Kemal dependerá que acabe sabiendo leer y escribir tanto en alemán como en turco, y que sea capaz de comprender bien conversaciones complicadas en ambas lenguas. Tanto en un caso como en el otro, seguirá siendo bilingüe. A veces se dan condiciones casi inmejorables, y por eso el éxito resulta más fácil de alcanzar. En cambio, otras situaciones lo ponen todo mucho más difícil.

Aunque a veces emplee alguna palabra de una manera distinta a como lo hace su profesor, Kemal, que asiste a clase en una ciudad alemana, juega con sus compañeros en alemán y habla por teléfono en turco con su abuela, sabe mucho más que muchos adultos que tienen que contentarse con una sola forma de hablar.

Resumiendo

A todos los miembros de la familia debe gustarles hablar y mantener conversaciones en distintas lenguas. Las teorías que afirman que los niños que hablan varias lenguas se desarrollan de distinto modo que los que hablan una sola lengua son erróneas, ya que en términos generales todos los niños se crían y se desarrollan igual. Tampoco es cierto que un niño bilingüe sea la suma de dos monolingües. Lo que ocurre es que la persona que habla dos o más lenguas escoge la más apropiada en cada ocasión, de manera que emplea una u otra en función de con quién esté hablando y sobre qué tema. En el mundo, el plurilingüismo es la normalidad, mientras que las personas monolingües son la excepción.

¿Por qué hay niños que aprenden con mayor facilidad que otros?

La montaña de la lengua

No hay dos situaciones lingüísticas iguales. Hay casos en los que todas las circunstancias son favorables, mientras que en otras ocasiones lo son menos. Es lo mismo que ocurre cuando uno sube a una montaña por una carretera, cómodamente en su vehículo, y otro tiene que escalar por un sendero tortuoso.

En la figura de la siguiente página vemos a una chica en bicicleta subiendo por un camino en unas condiciones favorables. En estos momentos, todavía se encuentra más alejada de la cumbre que el escalador, pero pronto habrá llegado más arriba que él, pues avanza con rapidez. Sin embargo, necesita seguir una ruta marcada, ya que si el camino se acaba tendrá que bajar de la bicicleta y seguir a pie. El escalador, por el contrario, va ascendiendo poco a poco, sumergido en un gran desafío personal. Tal vez la chica que va en bicicleta llegará antes que él a la cima, pero el escalador conocerá mejor el camino porque habrá seguido paso a paso todo el recorrido.

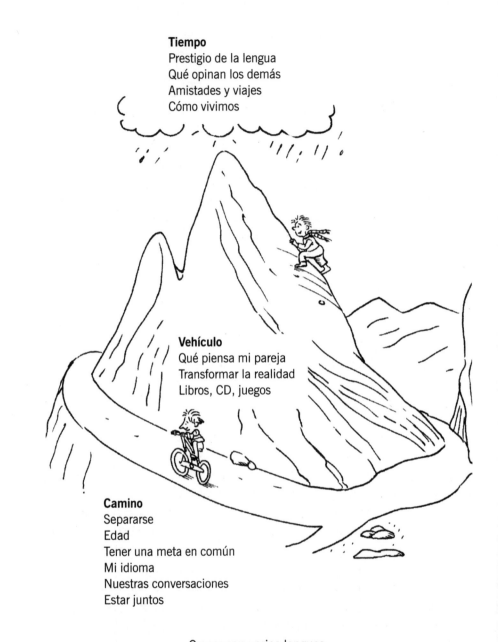

Tiempo
Prestigio de la lengua
Qué opinan los demás
Amistades y viajes
Cómo vivimos

Vehículo
Qué piensa mi pareja
Transformar la realidad
Libros, CD, juegos

Camino
Separarse
Edad
Tener una meta en común
Mi idioma
Nuestras conversaciones
Estar juntos

Crecer con varias lenguas:
es como subir a una montaña; influyen muchas circunstancias.

Ahora bien, la diferencia no solamente consiste en que las condiciones de partida y las maneras de alcanzar la cima sean distintas en cada caso y para cada persona. Hasta el tiempo es un factor variable que se debe tener en cuenta. Si hace sol es fácil ascender; si llueve, el camino resbala; cuando hay niebla, no se puede ver la curva siguiente. Si se ha helado la carretera, puede que hasta nos resbalemos y retrocedamos. El viento nos empuja y nos ciega cuando se convierte en una brisa helada.

El tiempo, el camino y el vehículo representan las distintas condiciones a las que deben enfrentarse los niños, nuestros hijos, en el momento de hablar. Algunas tienen que ver con el propio fenómeno de la comunicación: de qué manera hablamos, durante cuánto tiempo, en qué idioma y otros aspectos parecidos. Otras, en cambio, están relacionadas con el contacto con los demás.

¿Cómo influye el entorno?

El tiempo

Despejado o nublado

De la misma manera que cuando oímos la predicción del tiempo podemos saber de antemano si el día será seco o lluvioso, nos podemos imaginar si nuestro hijo o hija avanzará bien cuesta arriba si el día es soleado o si tendremos que contar con lluvia y terreno resbaladizo. Y, al igual que nos sucede con la predicción del tiempo, una y otra vez nos llevamos sorpresas. Veamos las cuatro condiciones climáticas:

El prestigio de la lengua

Si la lengua goza de cierto prestigio, en el parvulario, en la calle y en los comercios, todos estarán asombrados de la suerte que tiene un niño por haber adquirido desde tan pequeño unas aptitudes tan importantes. Hoy en día, el inglés es la lengua a la que se concede la mayor importancia de cara a la futura vida profesional. Además, está de moda y se halla en todas partes, en la música, las ham-

burguesas, los teléfonos móviles..., todo está en inglés. Claro que esto no ocurre en el mismo grado en todo el mundo, ya que en otras zonas del planeta, como los países asiáticos, es el árabe la lengua más apreciada. Cualquier cosa cuyo valor depende del prestigio en un momento determinado varía su importancia según el tiempo y el lugar. En el siglo XIX y principios del XX, en Europa, el francés era la lengua más «fina» y toda la gente con un mínimo de cultura hablaba francés. En nuestra imagen de la montaña, gozar de prestigio equivale a ascender con tiempo soleado y sin dificultad.

Ahora bien, si la lengua es poco apreciada, nos tropezamos a cada paso con el escepticismo y las dudas. Se supone que el mero hecho de que «la segunda lengua no moleste» ya constituye un éxito. Nadie presta atención a que el niño hable cada vez mejor y raras veces se le admira. Escuchamos preguntas escépticas del tipo «¿Adónde irá este niño con esa lengua?» que nos hacen dudar de nuestros propósitos. Cuando la lengua tiene poco prestigio, es como si el tiempo, el clima y el ambiente no fueran tan favorables, puede que el cielo esté cubierto o llueva.

Es evidente que todas las lenguas tienen el mismo valor, pero nuestro entorno no suele opinar lo mismo. El prestigio es un prejuicio, y nadie está libre de ellos. El efecto actúa como un eco. Los niños lo perciben y, según los casos, se sienten animados o frenados. Ésta es la razón de que en Alemania sea más fácil aprender inglés que el turco o el rumano.

Benim üzerinde önemle durduğum konu, sadece kızımın Türkçe öğrenip Türkiye'deki ailemle rahat anlaşabilmesi değil kuşkusuz. Bunun kadar önemli olan bir diğer nokta daha var ki; işte o biraz geneli ilgilendiriyor. O da şu: Türkiye, bugün olmasa bile yarın, yakın bir gelecekte AB'ye tam üye

El tema en el que insisto no sólo es que mi hija aprenda el turco y se pueda entender con mi familia de Turquía sin problemas. Hay otro aspecto que tiene la misma importancia, y tiene que ver con la generalidad. Más tarde o más temprano, Turquía acabará siendo un miembro de pleno derecho de la Unión Europea y, por lo tanto, el turco será otra

olacak ve dolayısıyla da Topluluğun resmi diller ailesine Türkçe de girecek. Bana göre, bu gerçeğin gözönünde tutularak, Türkçe'nin burada da kollanıp beslenmesi gerekir.

Hatta Avrupa'nın bir avantajı var; o da bugün bu kıtada kökeni Türkiye'den olan 3,5 milyona yakın insanın yaşamasi. Onların burada doğup büyüyen çocuklarının, her ne kadar halen yaşadıkları ülkelerin dilini anadil gibi iyi kullanıyorsa da, Türkçe'ye yatkın olmaları, köken bilgiye sahip olmaları, aslında iyi avantaj. Bu dilin gelecekteki Türkiye AB ilişkileri gözönüne alınarak desteklenmesi gerekir.

O ülkelerle Batının her alandaki işbirliğinde, burada doğup büyümüş Türk gençleri önemli bir köprü görevi üstlenebilir. Bütün bu çıkarları gözönüne alarak, Türkçe'nin AB içinde gelişmesine zemin hazırlanmalıdır.

de las lenguas oficiales de la Comunidad. En mi opinión, la lengua turca debe ser protegida y fomentada desde este punto de vista. En Europa viven unos 3,5 millones de personas procedentes de Turquía. Aunque los niños que han nacido y se han criado aquí dominen la lengua del país en el que viven tan bien como su propia lengua materna, les resultará una gran ventaja comprender el turco y aceptar conscientemente su identidad étnica y cultural. El turco debería ser fomentado a la vista de las futuras relaciones entre Turquía y el resto de países de la Unión Europea. En todos los ámbitos y sectores de la colaboración de Occidente con estos países, los jóvenes turcos que se han criado aquí podrían asumir una labor importante de intermediación. Si tomamos en consideración todos estos intereses, es necesario que se vaya preparando un campo que favorezca el desarrollo del turco en la Unión Europea.

Mehmet C., Langen[1]

Podemos hablar entre nosotros de este asunto e indicar a los niños desde muy pequeños que damos el mismo valor a todas las lenguas. Podría ocurrir que nuestros hijos no diesen ninguna importancia a estos temas. Sin embargo, cuando sea posible iremos a ambientes en los que a nuestra lengua se le conceda mayor prestigio; en el mejor de los casos, a un país en el que el turco sea la lengua oficial. Las asociaciones culturales, las fiestas y las concentraciones populares también ofrecen la oportunidad de hablar en la lengua materna. A todos los niños les conviene conocer lo relativas y efímeras que son las valoraciones que se conceden a las lenguas.

¿Qué opinan los demás?

Los puntos de vista de las personas que viven alrededor del niño son como el viento: si todos tienen una actitud favorable, el viento resulta ser una gran ayuda pues empuja hacia delante, da un gran impulso de avance. Si los profesores, educadores, amigos y cuidadores constituyen un entorno favorable a la existencia del plurilingüismo, lo alaban y lo admiran, nuestro hijo crecerá sintiéndose seguro. En las reuniones que organizo, siempre me encuentro con abuelas y abuelos. El nietecito o la nietecita crecen en un entorno bilingüe y ellos querrían saber más, tienen preguntas, y a veces son ellos mismos la fuerza impulsora. Me alegro de que vengan porque demuestra que están interesados. Su colaboración es un estímulo, una oportunidad para todos.

Por el contrario, cuando se expresan dudas y domina la opinión de que todo el mundo debería aprender una sola lengua, el niño navega a contracorriente. Las discusiones en el seno familiar y en la escuela pueden enturbiarlo todo como los huracanes.

Amistades y viajes

Aunque al principio nosotros somos lo más importante para nuestros hijos, por desgracia poco se tarda en que dejemos de serlo. Aprender una lengua para hablarla solamente con papá y mamá –que, además, puede que también sepan perfectamente la lengua circundante, usual en su entorno– no les resulta a los jóvenes excesivamente interesante en cuanto llegan a la pubertad. Los niños se pueden motivar de manera muy distinta cuando conviven con otros niños de su edad. Al jugar con los amigos, los niños y los adolescentes pueden emplear la lengua para algo que de veras les resulta útil e interesante, por ejemplo un partido de fútbol o una excursión por la montaña: «¡Mira! ¡Sé jugar en inglés! ¿Cómo se dice "portero"?». Lo que hasta entonces había sido la excepción resulta ser lo normal en ese ambiente.

El contacto con los iguales, con los compañeros de juego define la palabrita mágica del plurilingüismo. Por esta razón, los amigos suelen ser excelentes profesores. En muchos lugares, los padres inmigrantes se organizan en grupos lúdicos, donde ellos comparten experiencias y los niños juegan entre ellos. Fuera de esos grupos, no suele ser fácil convencer a los pequeños para que hablen otra lengua distinta del alemán.

Este efecto estimulante lo pueden ejercer también los abuelos y los tíos, aunque, desde luego, no tengan la misma edad que los niños. Cuantas más amistades y experiencias estupendas nuestros hijos relacionen con la lengua, más les gustará aprenderla y hablarla.

En los viajes se puede gozar de gran cantidad de experiencias que tienen que ver muy de cerca con la lengua. Todas ellas consiguen que el niño vaya sintiendo un afecto cada vez mayor por su idioma y que vaya aumentando la importancia que le dé a su empleo.

No siempre se tiene la oportunidad de conocer a personas procedentes del mismo país de origen ni de entablar amistad con ellas. Del mismo modo, tampoco se tiene siempre la oportunidad de viajar para enseñar a los niños su cultura materna. En Europa los viajes suelen resultar más asequibles. Sin embargo, a veces viajar a otro país, por no decir a otro continente, puede resultar tremendamente complejo y comportar problemas insuperables. Del mismo modo, suele resultar relativamente fácil conocer a colectivos que hablen en francés o inglés, pero es mucho más difícil hallarlos en otras lenguas.

Todo nuevo amigo, todo contacto, es como un rayo de sol. Todo toma un aspecto más hermoso, aunque a veces dure poco.

Cómo vivimos

¿Le gusta o le cuesta a nuestro hijo aceptar cosas o situaciones nuevas? Dependerá de su entorno vital. A menudo, nosotros, los padres, no nos damos cuenta porque estamos inmersos en el ambiente de nuestras preocupaciones cotidianas. ¿Está a punto de llegar una hermanita? ¿Se va a producir algún cambio que tiene a todo el mundo ocupado? ¿Estamos preocupados pensando en el permiso de residencia, el contrato de trabajo o porque nos han dado el aviso de desalojo de la vivienda en alquiler? ¿Se va a producir una separación? Si esto ocurre, lo primero a que se ve obligado nuestro hijo es a hacer frente a la excitación y nerviosismo provocados por estas nuevas circunstancias antes de poder dedicarse de nuevo a mejorar el empleo de la nueva lengua. Por eso puede ocurrir que notemos retrocesos o estancamientos en su uso. Estas oscilaciones nos demuestran hasta qué punto van enlazados la evolución del dominio del idioma con el crecimiento, la crianza y el desarrollo de la persona en su conjunto.

Al igual que nosotros somos distintos, los hermanos suelen ser igualmente distintos, por mucho que vivan inmersos en las mismas circunstancias vitales. Mi primer hijo, Valerio, habla rápido; en cambio, su hermano Alessio habla poco y raras veces, pero cuando se decide a hacerlo lo hace con una gran corrección aunque con acento. ¿Y eso por qué? A fin de cuentas, son hermanos. ¿No son iguales en todo? No, tienen distintas personalidades, y el orden de nacimiento también influye en ellos. El segundo, Alessio, ha visto desde su nacimiento que los niños hablan en dos lenguas porque ya había uno en casa cuando nació él.

La manera en que vivimos se puede comparar con las estaciones del año. ¿Ahora, en qué estamos, en otoño o en invierno? Luego vendrá la primavera; pero por ahora sigue haciendo frío, puede que hasta tengamos tiempo húmedo, y los días son más cortos. ¿O, acaso, estamos gozando de un tibio día de verano?

El entorno es muy importante

La forma en que se influyen mutuamente el viento, las nubes y muchas otras cosas dan como resultado que el día sea soleado o lluvioso. Eso mismo sucede con la montaña de la lengua. Al actuar conjuntamente, el ambiente lo crean el prestigio, las opiniones de los demás, nuestra vida, así como las amistades y los viajes.

El tiempo, el clima, representa nuestro entorno, el ambiente en el que vivimos. Ahora bien, ¿cómo actuamos en el seno familiar? Podemos imaginarnos la manera de relacionarnos entre nosotros como el camino que debemos escoger.

¿Qué importancia tiene la familia?

El camino

Separar

Separar y distinguir bien las lenguas es como encontrarse en un camino bien señalizado. Es más fácil orientarse.

La investigadora Susanne Mahlstedt ha realizado encuestas a matrimonios italoalemanes para tratar de averiguar por qué algunos padres han conseguido con gran éxito que sus hijos sean bilingües mientras que otros apenas lo han logrado. En su opinión, las familias que obtuvieron los mejores resultados habían seguido la regla «una persona-una lengua» o «lengua familiar-lengua circundante u oficial en el entorno», y se habían esforzado por separar claramente el empleo de cada una de ellas.

En Alemania se suele juzgar de manera desfavorable la mezcla de varias lenguas: «¡Éste no sabe ni una ni otra!». Por eso, cuando los padres las mezclan poco y se preocupan de mantenerlas separadas, dan un ejemplo digno de ser tomado como modelo. Cuando actúan de ese modo, la mayoría de los niños se dan cuenta y ellos mismos se preocupan de mantener separadas ambas lenguas.

En el capítulo titulado «¿En qué lengua habla cada uno?» se exponen con mayor detalle las reglas que usted puede poner en práctica para delimitar el uso de ambas lenguas.

¿A qué edad empezamos?

¿He oído hablar ya en dos lenguas distintas desde el vientre de mi madre? O, por el contrario, ¿entraron en mi vida la segunda y tercera algunos años después? ¿Cuando tenía 3 años? ¿A los 4 años? ¿Después? Los niños pequeños no lo aprenden todo con mayor facilidad y rapidez, pero lo aprenden de forma distinta a los mayores. Son muchas las personas que no aprenden a pronunciar su propia lengua con corrección hasta los 6 años.

El tiempo que pasamos juntos

Las conversaciones a las que concedemos tiempo suficiente son como un camino ancho, que unas veces recorremos andando por el centro y otras por los bordes. ¿Estamos mucho tiempo juntos, hablando? ¿Estamos mucho tiempo con los niños? Puede que hasta trabajemos en casa. O, por el contrario, también puede suceder que los dos estemos de viaje muy a menudo, veamos poco a los pequeños o solamente hablemos con ellos por la noche, al llegar a casa cuando volvemos del trabajo y ya estamos cansados.

Cuantas más cosas hagamos juntos y más hablemos mientras las hacemos tanto mejor para todos. El factor tiempo tiene una gran importancia. Resulta más difícil para aquellas parejas que suelen estar fuera de casa durante casi todo el día. Con frecuencia se trata de parejas cuyos dos miembros trabajan fuera de casa.

Luisa tiene ahora 1 año y 9 meses. Ya habla alemán muy bien, dice palabras, las repite o me trae las muñecas, los platos y los vasos cuando se lo pido. Le entusiasma que su padre la tome en brazos para mecerla cuando llega del trabajo por las tardes; pero, por lo menos hasta ahora, la única palabra que dice en italiano, la lengua de su padre, es «ciao» (¡*tsau*!).

Elke Montanari

Aunque Luisa diga menos cosas en italiano que en alemán y responda menos veces, eso no nos dice nada acerca del hecho de si está aprendiendo esa lengua mejor o peor. La adquisición de una lengua es dinámica y eso quiere decir que los niños siempre están en marcha. El lugar en el que se hallen en este momento no tiene demasiada importancia. Lo que de veras importa es saber cómo están creciendo. ¿Sabe Luisa cada día más? Lo que queremos es que hable en ambas lenguas cuando haya llegado a la adolescencia y cuando sea adulta. Para entonces nadie se acordará de la lengua en que empezó a hablar y balbucear sus primeras palabras. Ni siquiera sirve para predecir cuál será la lengua en que hablará mejor en la edad adulta.

Los niños que empiezan pronto a hablar no siempre son los que mejor hablan en la edad escolar. Uno de los ejemplos clásicos de floración tardía es el de Albert Einstein: ¡no empezó a hablar hasta los 6 años! En matemáticas apenas llegaba al aprobado justo. Sólo mucho tiempo después le concedieron el Premio Nobel de Física.

¿Qué puedo hacer si no puedo estar mucho tiempo con mis hijos?

Para compensar esta carencia, lo que hacemos es pasarlo lo mejor posible mientras estamos juntos. En nuestra casa, no hay ninguna noche en la que todos ellos, hijos e hijas, se queden sin oír un cuento antes de irse a dormir. Estas narraciones infantiles son un medio sencillo de aprender, que les proporciona enormes avances en muchas facetas lingüísticas. El fin de semana recuperamos lo que nos ha quedado pendiente durante la semana. Nos dedicamos a conversar todo el tiempo que no hemos podido hacerlo entre el lunes y el viernes.

¿Siempre con prisas? Tenemos una gran oportunidad: la cantidad no es igual a la calidad. La fórmula «doble tiempo = doble cantidad de lengua» no sale bien. Lo que de veras importa es la calidad y, precisamente, desde varios puntos de vista.

Nuestro idioma

¿Cómo hablamos nosotros? Cuanto mejor sea el ejemplo que les demos a nuestros hijos, más fácil lo tendrán a la hora de aprender nuestro idioma. Por eso, leemos mucho, cuidamos nuestra lengua. Hablamos con otras personas y mejoramos la manera de expresarnos.

Lo describo detalladamente en el apartado «Aprender sensaciones» (pág. 101).

Nuestras conversaciones

Mientras estamos conversando, es muy importante el entorno que nos rodea. La mejor manera de conocer una lengua es entablar conversaciones con ella. Todos aprendemos al poder escuchar a los demás y al tener la oportunidad de preguntar y «escucharnos» a nosotros mismos mientras conversamos con nuestros amigos. Es más importante disponer de quince minutos cada día de conversación con nuestros hijos que de tres horas de juego en el parque infantil.

Con nuestros tres hijos a veces sucede que ha transcurrido todo el día y, por la tarde, me doy cuenta de que con uno de ellos no he llegado a hablar todo lo que debía. Antes de que se vayan a dormir, me quedo siempre un cuarto de hora a solas con cada uno de ellos en su habitación. Leemos un libro, hablamos de lo que ha ocurrido durante la jornada escolar o estamos tumbados juntos sin decir nada. Luego apago la luz. Los niños se alegran y yo también. Hemos estado muy unidos y muchas veces hablamos más de lo que hemos podido decir durante el día.

Maria, Linz

Cercanía e intimidad

La cercanía es una llave que abre todas las puertas. Cuando mi marido mece a la pequeña, le cuenta alguna cosa o se pone a cantar, hace mucho para que la niña aprenda mejor su lengua. Ella oye los sonidos y la melodía, y se lo pasa muy bien.

Cuanto más cerca nos sintamos los unos de los otros, con mayor seguridad les ofreceremos a nuestros hijos lo más apropiado para ellos, y podrán elegir lo mejor. Por eso, estar juntos mostrándonos nuestro amor es una manera maravillosa de fomentar la lengua, lo mismo que jugar, acunar a los niños pequeños y hacer bromas con ellos.

Una buena senda, de suelo firme y seguro, sin grava ni cantos, eso es lo que le garantizan a mi hijo mi lengua, nuestras conversaciones y diversiones, y la cercanía e intimidad entre todos.

El vehículo

¿Qué opina mi media naranja?

Uno aprieta el acelerador y el otro frena, o ayuda a empujar. Uno puede hablar hasta desgañitarse: si uno de los dos miembros de la pareja tira para otro lado, tanto si lo hace a propósito como si no, ninguno de los dos llegará muy lejos. Es completamente normal que ambos congéneres tengan opiniones distintas. Lo mejor es buscar soluciones con las que podamos vivir juntos.

«¡Adónde irá a parar la pobre niña con una manera de hablar como la tuya!» Ésta es la frase más simplista que he oído nunca.

Mozambiqueño que participó en un seminario

Nosotros no estamos libres de prejuicios. Creo que a todos nos cuesta reconocer que todas las lenguas son tan hermosas, útiles y valiosas como la de los grandes escritores de todas las culturas. Las culturas que no son la nuestra a menudo nos parecen extrañas, incomprensibles y hasta poco prácticas. Ahora bien, si lo que queremos es que en nuestra familia ambas lenguas tengan la misma importancia, es necesario que aceptemos ambas culturas con todas sus contradicciones. Si no lo logramos, es como si fuésemos en una bicicleta en la que uno va pedaleando mientras que el que va sentado detrás va frenando, arrastrando los pies por el suelo: todos hacen enormes esfuerzos, pero no avanzan. Incluso los abuelos o quienes se encargan de cuidar a los niños en ausencia de los padres pueden ser frenos o contribuir a avanzar.

He conocido a familias en las que he observado que se sintieron enormemente aliviados cuando se pusieron a reflexionar y a hablar sinceramente sobre la situación. Ellos mismos se sintieron mejor y, de buenas a primeras, comenzó a recibir un fuerte impulso la evolución de su hijo. Su cohesión es la principal fuerza.

Transforme la realidad

«Es como si cayese un saco de arroz en China», reza un dicho oriental para indicar que eso no tiene importancia aquí y ahora de tan común y corriente. Si los niños pueden modificar la realidad en que viven por medio de su segunda lengua, es que se dan cuenta y viven la experiencia de lo que constituye la segunda lengua. Así ocurre en sus juegos, en las conversaciones que mantienen, y sobre todo en el parvulario. Se dan cuenta de que «me responden, me hacen un elogio, me dan la galleta que quería, soy el bombero o la princesa». Entonces sí que hace gracia y divierte saber dos lenguas.

Por el contrario, si la segunda lengua resulta inútil o lo parece, se puede vivir bien sin ella, pues, ¿para qué la quiero? Los niños se desaniman y dejan de tener ganas de aprender una cosa con la que ellos creen que no pueden lograr nada.

A un niño de pocos años, la perspectiva de llegar a estudiar una carrera universitaria interesante no le atrae en absoluto, porque los pequeños viven aquí y ahora. Lo que verdaderamente les importa es modificar su propia realidad. La segunda lengua influye en la manera de vivir del niño o la niña si le sirve para impresionar a sus amiguitos, decidir a qué o cómo se juega, que le den la respuesta deseada o lo que quiera beber, que le dejen hacer el papel que más le guste, etc. Ésas son cosas que van íntimamente ligadas a la vida de los seres humanos: jugar con los amigos o con los padres; hablar con la abuela, los primos y las tías. Hoy tenemos una gran oportunidad: todos los días podemos construir una nueva situación en la que la segunda lengua transforme la realidad. Cuando se viaja esto resulta mucho más fácil.

Que todo merezca la pena: para ello nos hacen falta el automóvil, la bicicleta o las botas de escalador si queremos subir hasta alcanzar la cumbre de la montaña de la lengua. Si Beniamino Piccolino ve con sus propios ojos y oye con sus propios oídos cómo se compra un helado en italiano, si siente la satisfacción de poder hablar con la abuela que no sabe alemán, si se da cuenta de lo contento que se pone su padre cuando habla con ella en su lengua, entonces es como si corriese a toda velocidad en su bici, o incluso en su coche, monte arriba.

Libros, casetes, juegos

¿Podemos obtener libros, cintas o películas en nuestra lengua o tenemos la esperanza de que nuestros amigos y parientes nos manden regalos?

Mientras que hay libreros muy profesionales que nos pueden conseguir *Peter Pan* o *Harry Potter* en lengua original, en la práctica resulta casi imposible encontrar libros de países vecinos como Portugal o Marruecos, por poner dos ejemplos. Cuantos más libros y juegos podamos adquirir, más les divertirá leer tanto a los pequeños como a los mayores, tanto más gracia les hará y más excitante les resultará jugar. Muchas bibliotecas municipales alemanas han ampliado bastante sus fondos. Los libros en turco, árabe, italiano y castellano forman parte de la norma tanto como los libros en inglés o alemán. Otras lenguas están peor representadas. Los libros constituyen un medio fácil y excelente de aprender. Quien de hecho haya renunciado o se vea obligado a renunciar a su uso, estará yendo en bicicleta o conduciendo el coche con la marcha mal puesta: hay que apretar mucho el acelerador o pedalear fuerte y, a pesar de todo, no se avanza con rapidez.

¿Qué es lo más importante?

Todo: lo decisivo es el modo de combinar todos los elementos. Se pueden superar los obstáculos. Si la carretera está en buenas condiciones podremos ponernos en marcha sin ninguna dificultad; pero podemos acabar en una vereda. Aunque vaya en un automóvil imponente, no me quedará más remedio que circular despacio si me rodea niebla muy espesa. El escalador puede toparse a la siguiente revuelta con un camino ancho que le conduzca directamente a la cima.

Lo que en nuestras circunstancias no resulte tan favorable, lo podemos compensar con alguna otra cosa. Por ejemplo, si empleamos un idioma muy desconocido en nuestro ambiente, esa lengua tendrá poco prestigio, y su enseñanza resultará bastante más difícil que la de otras. Para compensar ese hándicap, podríamos dedicarle más tiempo a nuestra convivencia y así podríamos avanzar más, a pesar de todas las dificultades.

Nuestra meta

Ya sabemos cuáles son las oportunidades y las dificultades, los tramos rectos y las partes rocosas del camino que nos conduce a la cumbre del segundo idioma. Ha llegado el momento de que hagamos una cosa que resultará importante para que nosotros mismos quedemos satisfechos: propongámonos una meta propia y realista.

Un padre relató en un seminario:

Procedo de una región de Irán próxima a la frontera turca y mi lengua materna es el azerí de Azerbaiyán. Es distinta del farsi o persa, lengua oficial de Irán; se parece más al turco.

Mi mujer es alemana y nuestro hijo todavía es un niño de pecho. Me gustaría que cuando sea un poco mayor sea capaz de relacionarse con normalidad con su abuela y sus tías. Mi mujer no entiende el azerí, tampoco conozco aquí a nadie con quien pueda hablarlo; yo soy el único que lo habla. Con todos mis amigos me comunico en persa. No podemos ir de viaje a Irán por motivos políticos ni puedo adquirir libros. ¿Cree que lo lograremos?

Al igual que el padre de la historia, creo que es muy importante que el nieto pueda hablar con la abuela. La situación de partida es bastante difícil. El padre es el único hablante de esa lengua, no pueden ir al país donde vive la abuela, no hay libros ni amigos azeríes, este idioma es desconocido para la mayoría de los alemanes y, por eso, goza de muy poco prestigio. Hemos tratado de lo áspero y dificultoso que le resultará a su hijo el camino hacia el dominio de la lengua. En este caso, una de las metas alcanzables consiste en que el pequeño tome parte en conversaciones cortas y sobre todo que muestre curiosidad por la cultura y la lengua de su padre.

Resumiendo

Si medimos a todos los niños con los mismos instrumentos de medición estaremos comparando a los conductores de automóviles con escaladores de montañas. Lo que verdaderamente importa es el avance individual, de cada uno. ¿Cómo ha evolucionado? ¿Qué ha cambiado y qué ha seguido igual? ¿Qué significa el avance, es pequeño o grande?

A menudo tengo la oportunidad de conocer a madres o padres que en su fuero interno sufren una gran tristeza y han perdido totalmente el estímulo de seguir adelante. No quieren demostrar su desánimo, pero al cabo de unas cuantas horas acaban reconociendo: «Lo único que sabe Sina es... Nunca entiende que...». Esperaban haber logrado mayores avances. Sólo cuando echamos una mirada a la situación se percatan de ¡todo lo que la niña ha logrado! Vuelven contentos a su casa porque han visto todo lo que la niña ha avanzado. Solamente cuando comprendamos dónde estábamos en el momento de empezar, seremos capaces de comprender lo largo que es el camino que la niña ya ha subido y entonces nos alegraremos mucho del éxito logrado.

¿Cómo son los típicos plurilingües?

Los hay que tienen muy buenos ingresos, otros abandonan su país porque no hallan trabajo. Hay quienes llegan a acabar sus estudios universitarios, así como personas que tuvieron pocas oportunidades para asistir a la escuela y a los que no les gusta demasiado escribir. Unos han venido a Alemania voluntariamente, otros abandonaron su país por obligación. No existen los plurilingües típicos. Ésa es la razón de que manejen de forma distinta la riqueza que tienen en sus manos.

Ocho grupos: ¿de qué tipo somos nosotros?

Puede que usted mismo conozca a padres de familia y a familias y piense: «Éstos están haciendo en principio lo mismo que nosotros, aunque hacen uso de combinaciones diferentes a las nuestras». Otros, en cambio, proceden de modos totalmente distintos. La catedrática de lingüística Suzanne Romaine ha descrito seis grupos o tipos[2]. Yo misma he añadido otros dos. ¿En cuál de ellos se ve usted?

Esta distribución me gusta mucho, sobre todo por el hecho de que observa a las personas y su manera de comportarse. La cuestión que ha servido de guía es: ¿de qué manera emplean las personas sus lenguas?, en vez de preguntarse ¿de dónde es cada uno?, o algo por el estilo.

▲ Una persona-una lengua; una de ellas es el alemán *John es de Birmingham y Anna de Hamburgo y viven en Munich. John le habla a su hija en inglés y Anna en alemán. Los dos entienden perfectamente la lengua de su pareja.* Cada uno de los padres habla con la criatura en su lengua. Una de las dos es alemán[3]. Los dos entienden lo que dice el otro miembro de la pareja.	▲ Uno de los padres es de lengua alemana, el otro no; en casa no se habla la lengua mayoritaria u oficial *Jean y Katja viven en Dortmund, el lugar de nacimiento de ella. Los dos hablan en francés con Claude (2 años).* El padre y la madre se han criado hablando lenguas distintas. La lengua materna de uno de los padres es el alemán y la del otro miembro de la pareja es otra diferente. En casa hablan los dos precisamente en la lengua distinta a la oficial en el ambiente.	▲ En casa no se habla alemán *Xirin y su marido son iraníes. La única lengua que se oye en casa es el persa o farsi.* Los dos padres se han criado en la misma lengua y es la que usan para hablar con sus hijos.
▲ Dos lenguas en casa, el alemán se habla fuera *Laurette se ha criado en un ambiente de lengua neerlandesa. Vincenzo habla el italiano de Toscana. Actualmente viven en Alemania. Durante el desayuno hablan en neerlandés e italiano con sus tres chicos.* Tanto la madre como el padre se dirigen a sus hijos en distintas lenguas. Las personas de su entorno no hablan ni la una ni la otra. La familia vive en tres lenguas.	▲ Lengua extranjera *Mi amiga Rosi y su marido Rolf se han criado en Suabia, región del sudoeste de Alemania. Rolf ha vivido unos cuantos años en Inglaterra y habla con Lukas y Nico (8 y 6 años) en esa lengua. Rosi habla en alemán oficial y a veces en suabo.* Los dos padres se han criado en la misma lengua. Uno de los padres se dirige a sus hijos en una lengua que él mismo ha aprendido de mayor. El otro de los progenitores habla en la lengua materna de ambos.	▲ Mezcla y combinación *En la familia de Danielle habla cada cual como se le ocurre. El francés, el italiano y el árabe, todas las lenguas están permitidas en casa.* Los padres pasan de una a otra lengua, todas ellas se emplean alternativamente. La profesora Romaine cree que ésta es la manera más frecuente de emplear varias lenguas a lo largo y ancho del mundo.
▲ La segunda lengua en guarderías infantiles o la escuela *Lion va a una escuela con clases en italiano y alemán. Sus padres son de Berlín y de Renania-Palatinado. El padre de Maurizio es italiano, su madre de Frankfurt. Los dos, Lion y Mauricio, van a la misma clase.* Los niños aprenden la segunda o tercera lengua en escuelas, parvularios, guarderías infantiles y en otras instituciones. Esta categoría la he añadido yo[4].	▲ Otras variantes Hay muchos otros modelos y variantes de empleo de varias lenguas. Puede que no se ajusten exactamente a uno de los siete grupos descritos anteriormente. Estas distribuciones no son más que aproximaciones a la realidad. Existen muchas personas a quienes no se les puede forzar a adaptarse a estas categorías por muy generosos que seamos a la hora de interpretar las situaciones en las que conviven con las lenguas que emplean. ¡Qué le vamos a hacer, el «multi»-lingüismo tiene «muchas» y «múltiples» variantes!	

¿Hay combinaciones de lenguas más fáciles y más difíciles?

¿Qué es más fácil: aprender dos lenguas parecidas o dos diferentes? Nadie ha podido dar, hasta ahora, la respuesta adecuada a esta pregunta. Cuando se trata de dos lenguas estrechamente emparentadas entre sí, como, por ejemplo, el neerlandés y el alemán, o bien el italiano, el castellano, el portugués y el catalán, de una palabra o de una estructura sintáctica de la lengua original se pueden deducir fácilmente las de la lengua destino. Por una parte, esta semejanza es una ayuda importante; pero, sin embargo, no debe olvidarse que los parecidos engañosos entre palabras y estructuras –llamados «malos amigos» o «amigos falsos» en la enseñanza del inglés– pueden irse acumulando y haciendo más difícil el verdadero dominio de la segunda lengua. Esto se empieza a notar con claridad al comenzar a escribir tarde. Pasa lo mismo que al jugar al fútbol: no entró por poco en la portería, pero el balón salió fuera y no fue gol, vamos que «brood» (neerlandés) no es «Brot» (alemán), ni «bread» (inglés), así como tampoco «pane» (italiano) es «pain» (francés), «pa» (catalán), «pao» (portugués) ni «pan» (castellano); lo mismo puede decirse del parecido existente entre «vader», «Vater», «father» y «padre», «père», «pare», «pai» y «padre».

Cuando las lenguas son muy distintas, por ejemplo el finés y el sueco, el estoniano y el ruso, el turco y el griego, el alemán y el húngaro, el vascuence y el castellano, el esloveno y el italiano, o el galés, el irlandés y el inglés, por citar solamente lenguas vecinas, este tipo de confusiones se producen con menos frecuencia. Claro que en tales casos hay que ir aprendiéndose todas las palabras una a una, deja de haber paralelismos y no es posible guiarse por analogías o aproximaciones.

Resumiendo

De la misma manera que las personas que poseen varias lenguas son muy diferentes entre sí, su modo de emplear la riqueza lingüística que tienen a su disposición es también muy distinta. ¿A qué tipo pertenecemos nosotros?

▲ Una persona-una lengua; una de ellas es la oficial: el alemán.

▲ Uno de los progenitores tiene la lengua oficial como lengua materna y el otro no. La lengua familiar no es la oficial.

▲ En casa no se habla alemán.

▲ En casa se hablan dos lenguas y la lengua oficial, el alemán, fuera de casa.

▲ Lengua extranjera.

▲ Mezcla o combinación de lenguas.

▲ La segunda lengua en la guardería infantil o en la escuela.

▲ Otras variantes.

Niños con necesidades especiales

Hay muchos niños cuyos padres y médicos se sienten mucho más inseguros de lo normal: los niños sordos o con problemas de audición, los niños enfermos o aquellos que, por los motivos que sean, tienen que realizar esfuerzos especiales para aprender un idioma. Merecería la pena escribir un libro dedicado exclusivamente a estos casos. En este capítulo voy a tratar de realizar una introducción a este problema y sugerir unas cuantas ideas.

Tenemos dos hijos varones, Alexander (de casi 3 años) y Christian (18 meses). Christian se quedó sordo como consecuencia de una meningitis a la edad de 6 meses. Conseguimos operarlo y hemos tomado la decisión de que su educación sea a través de la lengua hablada.

Es tanto nuestro optimismo que ni siquiera hemos abandonado la idea de educarlo en dos lenguas habladas (alemán e inglés). Lo mismo que su hermano mayor, ya lo hemos matriculado en el parvulario de lengua inglesa. Ya empieza a comprender el alemán y dice cuatro palabras.

Todos los niños, incluso los que necesitan una atención especial, viven en situaciones plurilingües. ¿Deben ser tratados de distinto modo? Muchas teorías defienden que estos pequeños sean criados en varias lenguas, sin hacer distinciones con los niños que no son discapacitados. Las razones son las siguientes:

- Están muy necesitados de cariño y de sentirse unidos a *todos* los miembros de la familia.
- A nosotros, los padres, nos resulta más fácil estructurar las relaciones con el niño si podemos hablarle, mimarle, abrazarle y hacerle caricias en nuestra lengua íntima y preferida.
- Muchas de las nanas, canciones infantiles y bromas que sabemos las aprendimos en casa cuando éramos muy pequeños. Muy a menudo, estos recuerdos íntimos están estrechamente unidos a una lengua. Sólo se los podemos dar a nuestro bebé en esa lengua.
- No queremos excluir a nuestro hijo de la relación con una parte de la familia porque no conozca su lengua. Si no se la enseñamos, no podrá hablar con sus abuelos ni con sus primos.
- El bilingüismo forma parte del mundo en el que vivimos. Nuestro hijo no puede dejar de participar en muchas vivencias porque sólo sepa una lengua.

En la mayoría de los casos se suele alegar un solo argumento contrario: la preocupación de exigirle demasiado al niño.

Con sinceridad, debo confesar que existen muy pocos estudios científicos sobre los niños plurilingües que necesitan cuidados especiales. Su propio pediatra se lo confirmará. No existe ninguna investigación sistemática acerca de los niños minusválidos que intentan aprender más de una lengua, aunque sí muchas suposiciones. Por esta razón, nadie puede decir con fundamento qué es mejor y qué es peor.

De todos modos, sí que hay una persona que nos puede proporcionar valiosas indicaciones al respecto: nuestro propio hijo. Si lo observamos, veremos cuánto puede absorber. Lo que podemos hacer es sopesar las ventajas y sacar nuestras conclusiones: ¿le estamos pidiendo demasiado o está mejorando?

Ayudaremos al niño si le damos nuestra lengua un poco preparada de antemano por nosotros, por decirlo de alguna manera, partida en porciones pequeñas que le quepan en la boca y pueda comerlas más fácilmente. Vamos a establecer unas pocas y sencillas reglas, y las aplicaremos insistentemente:

- Empezaremos por dividir las lenguas lo mejor posible en una «lengua de papá» y una «lengua de mamá» según la proporción 1:1 o bien entre la lengua de familia y la lengua que prevalezca en el entorno social. (Véanse más pormenores en el capítulo siguiente.)
- Es necesario que nos fiemos de nuestras sensaciones al hablar con nuestro bebé. Sin darnos cuenta, solemos hablar a los niños pequeños en un tono de voz más alto y como cantando, al mismo tiempo que acostumbramos a repetir las palabras varias veces. Nos dejamos llevar por nuestro instinto y damos al bebé lo que le resulta más fácil de aceptar. Más adelante, en el capítulo dedicado a la manera de hablar a los bebés, daremos más detalles al respecto.
- Siempre le hablaremos de las mismas cosas y emplearemos las mismas palabras hasta que nuestro pequeño se las haya aprendido; entonces seguiremos adelante.
- Hablar por señas y gestos es una manera de comunicarse como cualquier otra. Cuando los niños están afectados de una deficiencia auditiva, ellos mismos suelen inventarse su propia forma de hacerse entender por señas. Lamentablemente, ese modo de hablar lo entiende sólo la familia. Sin embargo, nuestro hijo se puede poner en contacto con muchas personas a través de sus gestos y señas. Se puede desarrollar mejor intelectualmente. Por esta razón, merece la pena tener en cuenta el lenguaje de los sordomudos. Un niño que sepa la lengua hablada y la de los gestos es también un niño bilingüe.
- Si podemos ponernos en contacto con un logopeda que tenga una mentalidad abierta con respecto al bilingüismo, habremos ganado mucho.

Síndrome de Down y bilingüismo

¡Hola! Tenemos un hijo de 7 años y a Marc, de 22 meses y afectado de síndrome de Down. Mi mujer es española y yo he nacido en Gran Bretaña. Vivimos en Madrid y pensamos quedarnos a vivir aquí durante los próximos años. Por lo general, yo les hablo a los niños en inglés, y mi mujer en español.

Un padre desconocido en Internet

Los niños con el síndrome de Down se crían también en familias bilingües. Apenas existen trabajos de investigación que estudien la situación de estos niños, pero lo que nos enseña la experiencia es que parecen salir adelante perfectamente:

Durante mis frecuentes viajes alrededor del mundo en el curso de los últimos quince años he tenido ocasión de conocer a una considerable cantidad de niños y adultos con síndrome de Down que sabían dos idiomas. Algunos hasta sabían hablar en tres lenguas y muchos sabían leer, escribir y hablar a un nivel funcionalmente útil en ambas lenguas. Lo que podamos conseguir difiere de persona a persona. De todas formas, mi experiencia basta para rechazar la opinión de que el bilingüismo en la escuela o en casa es necesariamente demasiado difícil para un niño afectado de síndrome de Down.

Los niños y adultos bilingües que he conocido habían tenido muchos tipos de experiencias con el plurilingüismo. Muchos se habían criado en hogares bilingües y habían estado oyendo las dos lenguas desde su nacimiento. Otros aprendieron el segundo idioma fuera de la familia, por ejemplo en la escuela, en la que se empleaba otra lengua.

Los primeros niños bilingües que conocí habían pasado por esta experiencia. Una chica de una familia inglesa aprendió galés en la escuela del pueblo en el que vivía desde que tenía 5 años. A los 10 años sabía leer y escribir con igual soltura en ambas lenguas en el plano funcional. Sus padres me contaron que seguiría asistiendo a la escuela galesa porque todos sus amigos estaban en ella.

El segundo niño con síndrome de Down se trasladó con sus padres de Inglaterra a Francia a la edad de 10 años. Su madre le había enseñado francés y continuó asistiendo a la escuela en Francia. Lo mismo que los demás adolescentes, pronto fue capaz de leer y escribir. Hace poco tiempo, conocí a una japonesa de poco más de 20 años afectada de síndrome de Down. Sabía leer y escribir en inglés mejor que sus parientes.

Prof. Sue Buckley, *Down Syndrome News and Update*[5]

El plurilingüismo suele ser casi siempre el resultado de las circunstancias, del hecho de vivir en un entorno que emplee varias lenguas. Los niños con necesidades especiales viven inmersos en estas situaciones del mismo modo que muchos otros niños.

Resumiendo

Los niños que necesitan cuidados especiales también viven en ambientes en los que se hablan varias lenguas. Hay una serie de argumentos que abogan por su plurilingüismo. Por desgracia, existen pocos estudios científicos al respecto. Disponer de reglas de fácil aplicación tiene una importancia especial en este caso: establecer una separación clara entre las distintas lenguas e insistir en un tema y repetirlo continuamente. Nuestro hijo también es bilingüe si además habla por señas.

¿En qué lengua habla cada uno?

«Una persona, una lengua» y otras posibilidades

¿Cómo entender a nuestros hijos cuando una lengua deja de hablarse y empieza la otra? Un modo apropiado de solventar esta situación consiste en deslindar perfectamente los ámbitos de ambas lenguas. La manera más frecuente suele ser la de que el padre emplee una lengua y la madre la otra: «una persona, una lengua». Pero esta solución no es la única, ni mucho menos. Son muchas las vías que conducen a la misma meta.

Los niños aprenden mejor cuando los padres, después de haber meditado bien la cuestión, se ponen de acuerdo para decidir cuál de ellos usará una lengua en unas circunstancias bien determinadas. Así lo confirman una y otra vez los estudios científicos[6].

Una persona, una lengua

Ésta es la regla más conocida. Por ejemplo: la madre es canadiense y habla en francés con Marie, el padre es alemán y habla en alemán con ella. Los niños aprenden rápidamente cuándo termina una lengua y empieza la otra. Por abreviar la llamo regla 1:1.

Esta regla ha sido examinada científicamente a fondo por una razón bien sencilla: los investigadores han criado a sus hijos de acuerdo con ella.

- Le podemos asignar una lengua a cada uno de los padres: Padre = X, Madre = Y.
- Los dos progenitores pasamos mucho tiempo con el niño.

- Vivimos juntos.
- Comprendemos la lengua del otro progenitor, por lo menos a grandes rasgos.
- Pocas veces mezclamos las lenguas.

¿Has respondido interiormente con un «sí» a las cinco cuestiones? En tal caso, con la regla 1:1 lograremos los mejores resultados con gran seguridad.

¿Con cuánta rigidez hay que cumplir esta regla?

Muy a menudo, los teóricos, pediatras y los conocidos responden «con la máxima severidad» que «los niños necesitan reglas fijas, pues ¡si no lo que aprenderán será un verdadero barullo!». «En ningún caso», afirman reiteradamente los bilingües adultos, «a pesar del barullo que hay en casa, nos sale todo muy bien, estudiamos y raras veces nos equivocamos».

Todos tienen razón. Lo más importante para la familia es que todos sus miembros hablen entre sí, que les guste hablar entre ellos y que hablen mucho. Si se saca a un miembro de la comunicación interfamiliar, se crea una situación que puede volverse explosiva. Y eso es precisamente lo que ocurre cuando uno de los miembros de la familia no entiende una de las lenguas habladas en casa. Al comer o jugar juntos, queremos disfrutar de estar todos juntos. A veces creamos barreras con los idiomas, barreras que son más espesas que los muros de un castillo. Para alguien puede ser insoportable sentir que se le excluye de la comunicación familiar simplemente porque no comparte el idioma del diálogo. A menudo la desilusión es tal que se interrumpe la crianza bilingüe.

No es necesario que pase nada de esto. A veces, la regla 1:1 da mejores resultados si se varía un poco. Es como andar por el filo de la navaja, hay que hallar el punto intermedio más conveniente entre un relajamiento excesivo y una corrección demasiado rígida. En principio, la 1:1 es una buena regla para orientarnos.

Hay alguien que no puede participar en la conversación...

Nasrin es iraní y sabe tanto persa como alemán. Su marido, Klaus, es hamburgués y sólo entiende un poco el persa. Viven en Hamburgo y su hija se llama Melanie.

Cuando Nasrin está hablando con Melanie, a Klaus le parece que lo dejan de lado. Toda la familia se siente sometida a la tensión provocada por esa sensación de exclusión que experimenta el padre. El resultado es que Klaus va perdiendo las ganas de asistir sordo y mudo a las conversaciones en persa. De todas formas, no tira la toalla.

El primer paso lo da él mismo: «Lo que Melanie puede hacer con 2 años seguro que lo logro yo también con 32. Lo que me hace falta es asistir a un curso de persa y puedo hacerlo en una academia nocturna». Nasrin está entusiasmada. Con mucha frecuencia invita a un par de amigos persas que hablan también con Klaus. Poco a poco, Klaus nota que va mejorando y se siente orgulloso de lo que ha conseguido. Lo que no entiende se lo traduce Nasrin, y así aprende cada vez más.

Papá está casi siempre de viaje

George es escocés, Irina austríaca. George es representante de una fábrica y muchas veces pasa toda la semana de viaje de un lugar a otro. Irina vivió durante mucho tiempo en Londres y por eso sabe inglés muy bien. La familia vive en Munich.

Si Irina y George aplicasen rígidamente la regla «una persona, una lengua», George pasaría probablemente muchos momentos malos. A un niño le resulta casi imposible aprender una lengua con largas interrupciones.

Quizá pudiera ponerse Irina a pensar sobre la posibilidad de hablar ella misma en inglés de algunas cosas, por ejemplo durante la comida o al contarle un cuento para que se duerma. Cuando George está en casa, toda la familia podría hablar solamente en inglés. En todas las demás ocasiones, la madre podría hablar en alemán con su hija. Los grupos anglohablantes de niños que todavía andan a gatas, los amigos y las cuidadoras de lengua inglesa pueden hacerse cargo de las interrupciones producidas por los viajes de George.

Lengua familiar, lengua del entorno

Hay muchas familias que en casa, en la intimidad, hablan su lengua materna, mientras que afuera emplean la lengua oficial del lugar en el que viven. Esto ocurre cuando los padres hablan la misma lengua y las personas de su entorno hablan otra. Los niños se dan cuenta muy pronto de la situación.

Antes se solía dar el consejo: «¡Hable en alemán para que el niño lo aprenda!», y se veía que los niños aprendían a la vez los errores que cometían sus padres. Los padres no estaban del todo seguros si se decía «el águila y los águilas» o «la águila y las águilas», «la película ha acabado o las películas han acabados» o «la película ha acabada o las películas han acabadas». Y como hablaban mezclando todas las formas por no estar seguros de cuáles eran las correctas ni tampoco de cuándo había que emplearlas, el niño las aprendía todas mezcladas. Lo mejor es utilizar la lengua que se conoce a fondo.

Por regla general, la lengua que se emplea generalmente en el entorno la suelen aprender bien los niños si dominan bien su primera lengua. Si el niño ha aprendido bien la lengua familiar en casa, lo más probable es que aprenda rápidamente la lengua oficial en el parvulario. La amistad con niños alemanes mayores y pequeños le ayudará mucho a aprender alemán. Podemos procurar fomentar el contacto con pequeños y adultos alemanes.

¿Educar en una lengua extranjera?

También conozco familias en las que las madres (como Irina, en nuestro ejemplo anterior) hablan en inglés con sus hijos. Están muy contentas con los resultados y les extraña el escepticismo con el que se topan en su entorno.

Creo que ese escepticismo tiene raíces razonables y que también afectan a los sentimientos. En primer lugar, «todavía» existe cierto sentimiento de que cada persona debería saber «de qué grupo forma parte», incluso desde el punto de vista lingüístico. En el fondo, pervive la vieja idea de que vivimos en un mundo monolingüe y, por lo tanto, se puede hablar de esa actitud y (de)mostrar lo anticuada que está. En todo el mundo hay muchísimos padres que no hablan con sus hijos en la lengua en que ellos mismos se criaron. Y por eso las relaciones no son menos íntimas. A quien haya vivido mucho tiempo en otros países puede que le resulte más cercana una lengua distinta a la que aprendió en su niñez. Este proceso es muy frecuente. Nosotros cambiamos al mismo tiempo que el ambiente en el que vivimos.

Sin embargo, como lingüista, percibo otra dificultad: ¿tan bueno es el inglés de Irina?, ¿su modo de expresarse es de veras tan rico, ¿cuántas palabras dice traduciéndolas directamente del alemán, aunque ella misma no se dé cuenta?, ¿hasta qué punto puede garantizar que su inglés no es más o menos simplificado?, ¿cómo es su pronunciación?, ¿qué errores comete?, ¿sigue aumentando su dominio de la lengua?

Uno de nuestros amigos habla siempre en inglés con sus hijos. Hace diez años pasó dos años en Inglaterra y eso era suficiente, en su opinión. Su pronunciación delataba que era alemán y, cuando le oía hablar, me llamaba mucho la atención el paralelismo existente entre el alemán y la lengua inglesa que salía de sus labios. La verdad es que no estaba segura de si lo que decía era correcto o no; pero estaba bien claro que los errores que este padre transmitía a sus hijos en forma de modelos, era muy difícil que sus hijos los pudiesen corregir cuando fueran mayores. Puede que llegaran a hablar como él, pero no mejor que él.

Elke Montanari

Irina se preocupa por mantener su alto nivel de inglés: lee periódicos y libros ingleses, escucha frecuentemente la radio, asiste a actos en inglés. Pero no se fía. Con su hija asiste a clases en la guardería donde se habla en inglés y va a cursos para niños. Una vez a la semana le viene a ayudar Jane, una chica londinense que hace de «canguro» y juega con la niña. Y lo más significativo: Irina se siente a gusto, le gusta hablar en casa en el inglés británico más correcto.

Lo más importante es que es imprescindible saber muy bien la lengua que se les enseña a los hijos. En la vida familiar no se debe emplear un idioma en el que se cometan errores. Hay que sentirse cómodo cuando se habla; no debemos tener la sensación de que hablamos en una «lengua extranjera», sino sentirla como algo propio[7].

La mezcla de lenguas y las reglas invisibles

A veces sucede que quienes participan en una conversación hablan a la vez en dos idiomas. Visto desde fuera, parece que lo hacen al tuntún, sin aplicar ningún criterio o modelo reconocible. Sin embargo, aunque la conversación dé sensación de caos, puede que se estén aplicando ciertas reglas con gran eficacia. Lo que pasa es que no las percibimos, como le ocurría a Danielle en el caso siguiente:

I was born in Tunisia. I spoke Arabic with the people in the street. Mum and Dad were born in Tunisia also and spoke Arabic fluently, but also Italian which they had learnt from their Italian parents. Mum and Dad attended French school and thus, they were fluent in the three languages. We lived at home, a large tribe of 30 and all spoke the three languages fluently. Everyone wanted to communicate and everyone did it in three languages, at all times! Lunches and dinners were always noisy. Stories were told in Italian more often, but depending on the story, the conversation, the event, it was told in one of the three languages – or partly in one language, partly in another. Sometimes a sentence was said in French/Arabic/Italian. There was no rule. Whatever the listener would understand faster, whichever language conveyed the message accurately, whichever was funnier, we used. Yet we were always able to separate the three languages when we were in the presence of people who

He nacido en Túnez. En la calle hablaba árabe con la gente. Papá y mamá habían nacido también en Túnez y sabían perfectamente árabe, pero también el italiano aprendido en casa con sus padres, que eran italianos. Como papá y mamá fueron a la escuela francesa, sabían hablar francés con soltura. Vivíamos todos en casa, una gran familia de treinta personas, y todos hablábamos en los tres idiomas con total naturalidad. Todos queríamos contarnos cosas y lo hacíamos siempre, en todo momento, en las tres lenguas. Las comidas y las cenas eran muy ruidosas. Se solían contar cuentos, por lo general en italiano; pero según fuera la conversación o el tema, se contaba en una u otra lengua, o bien, parte en un idioma y parte en otra. A veces, una frase se decía en francés/árabe/italiano. No había regla alguna. Lo que le pareciese más fácil de entender a quien estaba escuchando, en cualquier lengua se transmitía el mensaje con precisión, empleábamos el que nos parecía más divertido. De todos modos, siempre podíamos distinguir las tres lenguas cuando estábamos en presencia de personas que no podían entender a la «familia», por ejemplo

Ahora Danielle ya sabe cuatro idiomas. ¡Seguro que dentro de poco sabrá también alemán!

Las personas que saben hablar varias lenguas suelen comunicarnos que en casa hablaban mezclándolas todas y que saben distinguirlas perfectamente.

Reglas invisibles

Quizá no siempre nos demos cuenta de cuáles son las reglas invisibles que estamos aplicando sin saberlo. Así le ocurre a Danielle: lo que para ella era un ir y venir libremente, en realidad seguía unos principios que se aplicaban claramente: 1) en familia, y solamente en familia, o sea, en casa, se hablaban las tres lenguas y les concedían los mismos derechos; 2) en la escuela aprendieron francés como segunda lengua, y 3) con los monolingües hablaban en una sola lengua.

Claro que todavía no sabemos qué tipo de gramática se empleaba. Puede que se tratase de frases árabes a pesar del gran número de palabras tomadas de prestado de las demás lenguas.

Con gran frecuencia no nos percatamos de la gran cantidad de normas que seguimos en la vida diaria. Lo mismo se puede decir a la hora de elegir el idioma. La familia de Danielle hace uso de una especie de lengua familiar/del entorno: en familia se emplean los tres idiomas, pero en sus contactos con las personas del entorno extrañas a la familia, las lenguas se emplean siempre por separado, una en la escuela, otra al tratar con las personas «de fuera de casa» y la otra para los parientes italianos. Podríamos decir que hay una lengua familiar y tres lenguas para su empleo en el entorno.

En este caso, como en otros muchos, el ambiente que nos rodea desempeña un papel fundamental. Danielle se ha criado en un país en el que se emplean el árabe dialectal tunecino, el árabe y el francés. En un país de estas características, se aceptan las mezclas mucho más que en otro que se considere monolingüe, como Alemania. Aquí, en la escuela, las mezclas se consideran «errores».

Es probable que los niños sepan enfrentarse a las mezclas muchísimo mejor de lo que se suponía hasta ahora. Con mayor prolijidad se trata este tema en la sección en la que se expone la cuestión acerca de si la mezcla de distintas lenguas es buena o mala.

Lengua familiar, lengua escolar

Otra de las reglas frecuentes es la que establece una lengua para temas familiares y otra para el trabajo y la escuela. También esta norma suele constituir uno de los principios invisibles, hasta el extremo de que muchos de los hablantes ni siquiera se dan cuenta de que ellos también la cumplen habitualmente.

Como es natural, con mis hermanos y hermanas hablo en italiano. Pero cuando se trata de mi trabajo, enseguida me vienen a la mente las palabras y expresiones alemanas. He realizado mis estudios profesionales en la zona del Ruhr, al occidente de Alemania, donde se asienta la minería del carbón y la industria pesada del hierro y el acero, y aquí sigo viviendo. Creo que me resultaría más difícil escribir sobre mi trabajo en italiano que en alemán.

Gabriella, Hagen

En este ejemplo podemos observar otra distinción en el empleo de dos idiomas. Está claro que, cuando se actúa «correctamente», las conversaciones se sostienen en una única lengua. Solamente hay una desventaja: con el tiempo faltan motivos para hablar en la primera lengua. Mientras que el alemán recibe muchos y fuertes incentivos procedentes de la escuela o el trabajo y, por eso, va ampliándose y mejorando, la primera lengua queda limitada al ámbito familiar. Y, sin embargo, cuando las lenguas conviven de este modo es cuando muchas personas se sienten más satisfechas.

También se obtienen buenos resultados al hablar en una sola lengua

Cuando vivamos en un entorno multilingüe, que permita la mezcla de lenguas, merecerá la pena preocuparse porque los niños sepan también sostener conversaciones «en una sola lengua». Esto tiene especial importancia en la escuela alemana. La mejor manera de lograrlo es cultivando la amistad de personas que solamente sepan una sola lengua, haciendo viajes y yendo de visita a hogares monolingües. Danielle lo ha descrito así: en la escuela y en la calle experimentaba la necesidad de expresarme en una sola lengua. De esa forma, practicaba a diario.

Mi punto de vista

Cuando alguna persona me pregunta mi punto de vista, le respondo: recomiendo, porque me parece que es el sistema más seguro, que se aplique un principio claro 1:1 o lengua familiar/lengua del entorno. Pero reconozco que también hay otras maneras de aprender varios idiomas.

Resumiendo

Si los padres meditan sobre la manera en la que les hablan a sus hijos, éstos aprenderán más fácilmente. Existen distintas posibilidades de emplear varias lenguas en la vida diaria. La regla más conocida es la de «una persona, una lengua», la «1:1» en forma abreviada. Es de lo más apropiada cuando cada uno de los progenitores se asigna un idioma, ambos pasan mucho tiempo con sus hijos y todos entienden las lenguas empleadas. Otra de las posibilidades consiste en introducir una lengua familiar y otra que corresponda al entorno en el que vivimos.

Los niños aprenderán más fácilmente si se traza una línea muy clara que sirva para distinguir cuándo se deberá emplear una lengua y cuándo la otra u otras. De todos modos, no se debe olvidar que también hay quienes han aprendido bien dos idiomas o más sin necesidad de aplicar estos principios.

Tres y más lenguas

Hablamos en neerlandés porque no quisiera hablar en mi dialecto con mis hijos en casa. Empleamos la lengua culta para que esa lengua les resulte útil.

Mi marido habla con los niños solamente en italiano. Siempre lo hemos hecho así, desde el principio y sin excepciones. Los niños me contestan en neerlandés hasta cuando les hago una pregunta en alemán o italiano.

Nuestros hijos empezaron a aprender el alemán desde tan pequeños que todavía no sabían andar y los llevaba a una guardería, luego en el parvulario y finalmente en la escuela, aunque siempre fuera de casa. El alemán no lo han aprendido nunca en casa. Por eso desde muy pequeñitos, antes de que hubieran cumplido los 2 años, ya los llevamos a la guardería: queríamos que empezaran a aprender alemán lo antes posible. Así lo hicieron, con gran rapidez, y lo hablan francamente bien.

Laurette Kommt es belga, vive en Alemania con su marido,
Vincenzo, y sus tres hijos varones

Noi parliamo più che altro l'inglese in casa, però anche l'italiano. Mio marito è italiano e parla con i figli l'italiano. Io parlo sempre l'inglese. Quando ci incontriamo con gli amici italiani parliamo tutti quanti l'italiano. Poi i bambini vanno ad un scuola internazionale dove parlano l'inglese per la maggior parte delle lezioni. Hanno anche corsi in tedesco. Anche i loro amici sono

En casa hablamos sobre todo en inglés, aunque también en italiano. Mi marido es italiano y habla con los niños en italiano. Yo solamente empleo el inglés. Cuando nos encontramos con amigos italianos, todos hablamos en italiano. En la escuela internacional a la que asisten mis hijos, la mayor parte de las clases se dan en inglés. También hay unas cuantas clases en alemán. Los niños tienen amigos alemanes y por

tedeschi. Quindi parlano molto spesso il tedesco. Quando abbiamo a casa amici dei nostri bambini, loro giocano parlando tedesco.

I fratelli tra di loro parlano l'inglese. Però questa estate siamo stati per quasi due mesi in Italia e alla fine hanno anche parlato un po' l'italiano.

E' molto importante la lingua dell'ambiente. Qualche volta i bambini parlano l'inglese con una sintassi tedesca. Usano male le preposizioni in inglese.

Il tedesco ha una grande influenza.

eso hablan a menudo en alemán. Cuando vienen de visita sus compañeros de colegio, juegan en alemán.

Nuestros hijos hablan entre ellos en inglés. El verano pasado pasamos dos meses en Italia y al final empezaron a hablar de vez en cuando entre ellos en italiano. El ambiente que les rodea ejerce una gran influencia.

Hay veces que los niños hablan en inglés con sintaxis alemana. No dominan bien el empleo de las preposiciones inglesas. El alemán tiene una gran influencia.

Peggy, norteamericana residente en Frankfurt

No es raro encontrarse con familias trilingües. En los actos que he organizado he tenido ocasión de conocer a personas que empleaban tres lenguas en casa y en sus relaciones con su entorno. Entre mis conocidos, hay tres familias a las que no les basta con dos lenguas.

¿En qué se diferencian de las demás? La verdad es que en muy poco. Sus hijos e hijas aprenden las tres lenguas bien y sin problemas. A los 4 años entienden y responden lo que haga falta en italiano, inglés y alemán. A nosotros, los adultos, nos parece asombroso. Yo misma esperaba que los padres me hablasen de dificultades fuera de lo corriente o cosas por el estilo. Pues no, parece que todo transcurre con normalidad y sin sobresaltos. Las dificultades y preguntas que tienen son las mismas que me resultan conocidas por el trato que he tenido con familias bilingües. ¿Cree que nuestro hijo aprenderá bien el alemán? Dice una frase en la lengua A, usando la gramática de la lengua B. ¿Qué debemos hacer?

Los que provocan problemas son los demás. Nunca dejan de preguntar con gesto preocupado y llenos de cautela y precaución, si no les estaremos exigiendo demasiado a los niños, si no les provocaremos confusiones psicológicas. Los «trilingües» responden que «no». Quienes se sienten superados son los demás al ver que un niño sabe más que ellos.

Los expertos y los pediatras suelen saber bastante poco acerca de la comunicación empleando dos lenguas, y cuando se les habla de la combinación de tres idiomas se encuentran en la mayoría de los casos desbordados por la cuestión. No se han ocupado de este tema ni en el curso de sus estudios en la universidad ni tampoco posteriormente. En el mejor de los casos, han aprendido algo de las experiencias con una o dos familias, aunque, por lo general, sin profundizar en el tema ni investigar sobre él.

En una familia bilingüe, cada uno de los progenitores puede hacerse cargo del empleo de una de las lenguas. Las familias trilingües emplean más lenguas que progenitores tienen. Por lo tanto, a menudo no pueden aplicar la regla 1:1. Laurette resolvió el problema aceptando la regla 1:1 para la vida en casa. Ella habla en neerlandés y su marido en italiano. El alemán, la lengua del entorno, la aprenden sus hijos en la guardería y el parvulario. En la sección dedicada a Trucos se amplían estas ideas.

Resumiendo

Las familias trilingües no son tan escasas como se suele pensar. Conocer tres lenguas no es pedir demasiado, aunque mucha gente lo crea así.

Trucos

Muñecas

¿Cómo nos las podemos arreglar para crear una situación en la que sea totalmente natural el empleo de una lengua, de manera que sea imposible cualquier otra manera de hablar?

Sencillísimo: invito a un amigo que sepa hacer juegos fantásticos, que además sea divertido, cariñoso y atrevido, participe en todo lo que haga falta y, sobre todo, solamente comprenda y hable en una sola lengua. Ese ser mágico y maravilloso no es más que una muñeca. «Mira, éste es John. Sólo sabe inglés. ¿Lo saludamos? ¡Hi (hola), John! ¿Le decimos quiénes somos?»

En vez de la muñeca, soy yo quien responde. Claro, al cabo de cierto tiempo, los niños descubren quién es la que de veras habla. No importa nada que miren cómo muevo los labios y la lengua para pronunciar las palabras. Es un juego y la regla dice: John solamente habla en inglés. Ahora me toca a mí saber lo que la muñeca diga y haga. Como si fuese un amigo o una amiga, la muñeca está todo el día con nosotros. Para que tenga la máxima eficacia, jugaremos con ella todos los días.

Por medio de este truco, continuamos actuando de acuerdo con el principio «una lengua, una persona» y hacemos sitio para que entre una lengua más en nuestra vida diaria. La muñeca es de lo más apropiado para lograrlo cuando resulta que hay más lenguas que personas con las que identificar cada una de ellas: si queremos que nuestro hijo siga siendo bilingüe tras la separación de sus padres, si usted mismo es bilingüe y quiere transmitir una parte de las dos lenguas, cuando se produzcan largas ausencias de uno de los progenitores y cuando se trate de combinar tres lenguas.

Crear islas

Mi familia es turca. Yo he nacido aquí, en Alemania, y considero que mi lengua materna es el alemán, lo hablo mejor. A mi mujer le pasa lo mismo. Lo normal es que hablemos en alemán cuando estamos juntos. Queremos que nuestro hijo aprenda también el turco. ¿Cómo podemos lograrlo?

Un padre en un acto para padres

Podemos crear islas en nuestra vida diaria a las que volver cuando lo deseemos; momentos en los que hagamos un sitio al turco o a cualquier otra lengua. Son islas que tienen sus limitaciones, pero son firmes y podemos visitarlas siempre que queramos.

Islas muy buenas

- El momento de contarle un cuento al niño en la cama antes de dormirse.
- Las comidas: durante la comida o la cena hablamos en turco (o en la lengua que sea).
- Juegos que nos gusten mucho y que no nos cansen; por ejemplo, hablamos en turco al jugar a trenes o al ir de compras.
- Podemos convertir en isla cualquier actividad que nos guste hacer y la hagamos frecuentemente. Depende de las costumbres de cada ámbito cultural. En los países de lengua inglesa, el momento de tomar el té es probablemente el más adecuado para estas actividades. Entre los italianos, la cena sería el más apropiado. Cada cultura tiene juegos o ritos de importancia especial.

Resumiendo

Una muñeca puede hacer de tercera persona y representar una lengua. En las familias trilingües, tras la separación o el divorcio de los padres, o en los casos en los que se desee transmitir más de una lengua, la muñeca sirve de estupenda amiga y maravillosa acompañante.

Las islas cotidianas son oportunidades de retomar un idioma una y otra vez. Las islas buenas se encuentran en nuestro camino, de forma que cada día tenemos que pasar por ellas de todos modos. Ejemplos de este tipo de islas son el almuerzo, la hora de explicar un cuento o el cuento de buenas noches.

Animar al cambio

Son muchos los padres que han sufrido la experiencia de que sus hijos, cuando ellos les preguntan, les contesten siempre en alemán. Hay un par de posibilidades de que a nuestros hijos les resulte más fácil cambiar de lengua. Este cambio de lengua se logra con gran facilidad precisamente cuando todavía son muy pequeños. Hay veces que cambian de lengua hasta sin darse cuenta.

La táctica del «Por favor, ¿qué has dicho?»

Paolo quiere que Irene hable con él en italiano:

Irene: Papá, ¿me das una galleta?
Paolo: Come? (*¿Cómo has dicho?*)
Irene: ¡Una galleta!
Paolo: Che cosa vuoi? (*¿Qué es lo que quieres?*)
Irene: Voglio un biscotto! (*¡Quiero una galleta!*)
Paolo: Eccolo! (*¡Ahí lo tienes!*)

Elke Montanari

La táctica del «Por favor, ¿qué has dicho?» suele dar buenos resultados, sobre todo cuando los niños quieren que se les dé alguna cosa. Basta con preguntar amablemente en la lengua deseada: por favor, ¿cómo has dicho? Así mostramos nuestro interés por lo preguntado. Al mismo tiempo inducimos a cambiar de lengua. Este procedimiento puede convertirse para todos en un acto automático e involuntario.

Esta misma expresión, «¿Cómo dice, por favor?», puede insertarse sin fisuras en la conversación con los adultos. Puede provocar el efecto de que se cambia de lengua como si se tratara de un acto que surge por sí mismo. Es el método para que nuestro hijo responda en nuestra lengua si se le ha olvidado hacerlo por el nerviosismo o la excitación del momento. Lo mismo que ha hecho Paolo, se puede insistir un poco, pero el mismo resultado se puede conseguir sin insistir.

Haga hincapié en una lengua: «No (te) entiendo»

Podemos establecer una regla de juego que diga: «Yo juego en una sola lengua. Haré como que solamente entiendo una lengua». En realidad, los niños saben desde muy temprano cuál es la lengua que dominamos. En el metro, en el cine, en todas partes oyen cómo hablamos en la lengua del entorno. Sin embargo, si todos aceptamos esta regla de juego, la práctica dará buenos resultados y todos saldremos ganando.

Kevin y Jacob viven en Melbourne, Australia. Se crían en un ambiente anglófono y su segunda lengua es el alemán. El padre de Kevin habla con él en alemán.

Kevin: Nein, go away (No *[en alemán]*, márchate *[en inglés]*).
Su padre: Das versteh ich nicht (No te entiendo *[en alemán]*).
Kevin: Go away! (Vete *[en inglés]*).
Su padre: VerSTEH ich nicht! (Que nÓ te enTIENDo *[en alemán]*).
Kevin: GEH WEG! (¡Vete! *[en alemán]*).
Su padre (riéndose): Okay, das versteh ich (De acuerdo, así sí lo entiendo *[en alemán]*)[9].

Practicar esta táctica es cuestión de gustos. Conozco a dos madres a las que les parece muy sencilla y sus niños la han aceptado sin más, por lo que todos están contentos.

It is no more cruel than asking your child to say »please« before giving her a cookie.

No es ninguna crueldad pedirle a tu hijo (insistentemente) que diga «por favor» antes de darle una galleta o un bizcocho.

Annick de Houwer, Amberes[10]

Hacer como que no entendemos la otra lengua es una táctica que puede darnos buenos resultados, sobre todo si fijamos la regla desde que el niño es muy pequeño. También nos saldrá bien cuando los niños quieran algo (por ejemplo, una chocolatina) o nos pidan una información que les interese. La situación se complica cuando somos nosotros quienes deseamos alguna cosa (por ejemplo, ordenar el cuarto). En tal caso, es muy fácil que se callen por respuesta y que hagan ver que no nos han entendido, pero vale la pena intentarlo. A fin de cuentas, el helado, el bizcocho o el chocolate dejan de existir sin el «por favor» en turco, inglés o italiano.

De esta forma, les indicamos enérgicamente a nuestros hijos nuestro deseo de que la conversación se establezca en una lengua determinada. Puede hacerse con una sonrisa, como en el caso de Kevin que acabamos de ver, pero hay situaciones en las que pueden surgir desavenencias y es necesario señalar sin lugar a dudas qué es lo que queremos.

Ahora bien, si los niños quieren explicar alguna cosa que para ellos es muy importante, al volver de la escuela o de la guardería, cuando están enfermos, cansados o tristes, no olvidemos que el contenido es más importante que el envoltorio. En tales casos, se les debe dejar que suelten todo lo que tengan dentro, sin reparar en la lengua en que lo hagan.

La petición amable

Una indicación amable puede hacer milagros.

Con Amy no servía de nada decirle que yo no sabía ni palabra de alemán. Pero cuando le dije que me gustaría que ella me respondiese en inglés, estuvo conforme.

Jane, Viena

Lo mismo hace el padre de Kevin, cuando le dice a su hijo sin rodeos de ninguna clase que le gustaría hablar en alemán con él, por favor.

Kevin: Make the bees honey? (¿La miel la hacen las abejas? *[en inglés]*).
Su padre: Dímelo en alemán, por favor.
Kevin: Miel[11].

La cuña en la conversación es más evidente cuando se procede de esta manera. El padre de Kevin desvía la atención de la miel a la lengua, como si quisiera decir: «antes de entrar en materia, voy a poner en orden el procedimiento». Depende del tipo de situación, esta petición será atendida o el niño se la tomará como una interrupción molesta en la conversación. Un buen método consiste en elegir un momento relajado y tranquilo para explicarle al niño cuáles son nuestras preferencias. Ahora bien, si el niño está nervioso y lo que quiere es explicarnos como sea lo que le ha pasado en la escuela, proceder así no es el mejor de los sistemas. Si decimos «¡fuego la cosina!», lo que queremos es que nos den agua para apagar el fuego en vez de ponerse a corregir los errores de nuestra manera de hablar.

Usted puede observar muy bien si su hijo sabe responder bien a lo que se le pide con claridad o si tiene algún impedimento.

Cuando no va bien ni *la petición amable* ni el «*No te entiendo*»

¿Se siente poco seguro el niño al hablar? ¿Tiene que hacer grandes esfuerzos hasta que, por fin, le sale alguna frase? Si así sucede, lo que tenemos que hacer es darle ánimos en vez de desanimarlo. Estas formas de proceder no son nada apropiadas cuando se intentan aplicar a niños tímidos o inseguros, a pequeños que tienen dificultades para hablar, por los motivos que sean, o, sencillamente, a niños que hablan poco. La misma táctica del «Por favor, ¿qué has dicho?» debe emplearse con precaución.

Si los niños hablan poco, es más importante empezar por darles a entender: te entiendo, te estoy escuchando, me doy cuenta y siento lo que te pasa. Hemos de fomentar las ganas de hablar. Para ello es fundamental que vean nuestra alegría por lo que han dicho, que les respondamos a sus preguntas y que aceptemos la manera empleada para comunicarse tal como les haya salido.

Traducir

Jacob y su madre están pintando. A ella le gustaría hablar con él en alemán, pero él responde en inglés.

Jacob: I make mouth for you (en *inglés: «hago boca para ti»*).
Su madre: De acuerdo. ¿La boca está en la frente?[12]

Por medio de la traducción, su madre le ofrece a Jacob los modelos alemanes. Sin embargo, como salta a la vista que ella ha entendido perfectamente lo que él le ha dicho y acepta sus respuestas en inglés, Jacob no siente necesidad alguna de cambiar de lengua. La conversación entre ambos sigue también así fluidamente sin ninguna dificultad.

En estos ejemplos, Jacob tiene que responder diciendo solamente «sí» o «no». Sería preferible que se le planteasen preguntas abiertas, porque entonces podría responder con más palabras.

> **J**acob: I make mouth for you (*en inglés: «te hago boca»*).
> *Su madre*: ¿Qué estás pintando?

Al traducir, queda en manos de los niños el que acepten o no el balón y sigan el juego cambiando de lengua. Las dos formas de proceder son correctas, algo que no sucede cuando se adoptan las tácticas del «Por favor, ¿qué has dicho?», la de la «amable petición» o la del «No te entiendo». Esta libertad tiene sus pros y sus contras: a los niños tímidos e inseguros les deja a su libre albedrío que se expresen de la manera en la que se sientan más seguros. Con los niños un poco mayores y con los adolescentes es posible resolver una situación conflictiva manteniendo el empleo de varias lenguas, aun cuando estos jóvenes ya no se muestren dispuestos a participar activamente en el juego.

Por el contrario, si nos ponemos a la defensiva ofreciendo traducciones, estamos derrochando oportunidades cuando nuestros hijos sean niños más mayores, dotados de una fuerte personalidad. Puede que nuestra «cabeza dura» lo único que quiera es ver hasta dónde podría llegar, hasta dónde llegan los límites tolerados. En tal caso, vale la pena afirmar que no entendemos lo que nos dicen, aun corriendo el riesgo de que nos contesten con un ataque de furia.

Nuestro método propio

¿Cuál sería el mejor estímulo para nuestro hijo? La verdad es que todos los niños tienen un sistema que se adapta mejor a cada uno de ellos. Si hacemos pruebas con las distintas posibilidades, veremos cuál es la que mejor se adapta a su idiosincrasia.

Resumiendo

He aquí las maneras de estimular el cambio de lengua:

▲ Mediante la táctica del «Por favor, ¿qué has dicho?».

▲ Siguiendo la regla «No te entiendo».

▲ A través de una petición amable, amistosa.

▲ Con la traducción.

De nosotros y de nuestros hijos dependerá cuál de ellas nos dé mejores resultados. Todas estas tácticas son igualmente eficaces, sobre todo si se aplican a los niños desde muy pequeños, pero cada familia debe escoger la que mejor se adapte a sus circunstancias personales.

Los momentos difíciles y el modo de resolverlos

Me cuesta mucho hablar en alemán con mis hijos cuando estamos rodeados de italianos. Por esta razón, cualquier conversación me parece violenta, sobre todo cuando se trata de nuevas amistades. Para los nuevos amigos de mis hijos me convierto en una especie de alienígena. Hasta sus padres empiezan a hablarme con especial lentitud y claridad.

Elke Montanari

Cuando otras personas están presentes

Ésta es la variante menos perjudicial; cuando se habla en una lengua distinta de la que emplean los contertulios, hay abuelos que llegan a rebelarse, a los vecinos les parece una actitud arrogante, las visitas se lo toman como una descortesía de lo más grosera. De todas formas, sigue habiendo diferencias: si se habla en inglés, se suelen resaltar los aspectos favorables; pero cuando se habla otra lengua, lo más probable es que se tengan que aguantar críticas.

No entender una conversación o parte de ella provoca inseguridad. ¿Estarán hablando de mí? ¿Será que quieren que no me entere de algo? ¿Es que no soy uno de ellos? Todos estos pensamientos y otros parecidos pasan rápidamente por la cabeza. De puro incómodos que se sienten, los invitados se ponen a la defensiva. ¿No queda más remedio? ¿Cómo podemos quitarle hierro a la situación?

Busque compañeros

Lo que hemos hecho nosotros ha sido involucrar a los abuelos. Los hemos convertido en nuestros expertos en monolingüismo. Empezamos por explicarles la regla 1:1, que aplicamos en casa. Les hemos asignado un papel especial, pues a nuestros hijos no les queda más remedio que entenderse con ellos en una sola lengua. Por eso, les invitábamos para que leyesen en voz alta, contasen cuentos y explicasen situaciones. Les hemos explicado que, como a veces se ven obligados a no comprender, nos sirven de gran apoyo tanto a nosotros como a sus nietos. Ahora ya no se sienten tan inútiles cuando no pueden seguir la conversación. Desde luego, nosotros les traducimos muchas palabras.

Con un papel tan claro, nuestros abuelos, amigos y vecinos pueden obtener muchas ventajas del plurilingüismo. Toman parte activa. Nos ha ayudado el hecho de que estuviéramos de acuerdo y firmemente decididos a seguir adelante. Si no hubiera sido así, habría sido muy difícil poner en práctica esta estrategia.

Permitir las excepciones

¿Se sentiría seguro caminando sobre un puente de cristal? Ni usted ni yo. Lo que hace al acero más apropiado para la construcción que el cristal es su flexibilidad, no su dureza. Las virtudes del acero consisten en ceder, ser flexible, estirarse y encogerse, ser capaz de compensar y absorber las sacudidas. Las estructuras de cristal son demasiado rígidas para poder absorber las fuerzas.

Algo parecido le podría pasar al puente que construyamos entre las distintas lenguas y personas. Siempre hace falta un poco de flexibilidad para que el puente no se venga abajo. Hay que hallar la proporción justa: éste es el *quid* de la cuestión.

Siempre viene bien tomarse algún tiempo para ganarse la confianza y permitir excepciones, sobre todo cuando acabamos de iniciar una amistad o durante los primeros días de estancia en la casa de unos parientes. De vez en cuando, a las horas de las comidas, cuando estemos haciendo cosas juntos, siempre irá bien que hablemos en una lengua que sea común a todos los asistentes o participantes. Aunque sigan siendo situaciones excepcionales. Con el tiempo, volveremos poco a poco a hablar en las lenguas tal como tengamos por costumbre. Es decir, cuando las tías y los primos se hayan acostumbrado a nosotros y las amistades se hayan convertido en más consolidadas, habrá llegado el momento de que las dos o tres lenguas familiares vuelvan a ocupar sus puestos habituales.

Para ello deberán cumplirse dos requisitos. El primero es que todos se sientan bien y puedan decir lo que quieran. El segundo es que los niños acepten esas excepciones. A menudo sucede que no las aceptan y van y te dicen: «¡Mamá, te has equivocado de lengua!». En tales casos no queda más remedio que decirlo todo dos veces y traducir lo que acabamos de decir a los presentes en la reunión, hasta que los demás se den cuenta de que no les estamos privando de nada cuando pedimos a uno de nuestros hijos en otro idioma: «Dame la sal».

Ceder

También puede ocurrir que la presión externa sea tan insoportable que sea inevitable ceder ante ella. Esto suele ocurrir cuando se habla en lenguas poco corrientes o mal vistas. Cuando nuestro invitado no entiende el persa, y dice: «Bueno, en la cena, con tus hijos, puedes hablar tranquilamente en persa en vez de en alemán», y el hijo dice decidido «cuando me hables, ¡haz el favor de hacerlo como los demás!», a uno se le cae el alma a los pies. Ceder, echarse atrás, hablar con los demás en la lengua del entorno: ¿cuáles son las razones que apoyan y qué razones desaconsejan ceder ante la presión en estos casos?

Uno de los argumentos que abogan a favor de ceder ante la presión es que de repente se acaban, como por ensalmo, las desavenencias con las personas que nos rodean en nuestro entorno social.

Ahora bien, pensemos en lo que le estamos insinuando a nuestros hijos: algo parecido a que en Alemania no está del todo bien hablar en persa. Eso se puede hacer en casa, pero no ante los demás. Ese mensaje es precisamente lo contrario a lo que queremos conseguir, es decir, que la lengua persa que hablamos en casa es una riqueza de la que todos estamos orgullosos. ¿Cómo puede vivir feliz un niño forzado a hacer frente a una contradicción tan profunda por saber y querer hablar en dos lenguas?

Comprendo perfectamente que aguantar esta tensión resulte muchas veces demasiado difícil. Pero cuantas más veces lo logremos, mayor serán los beneficios que obtengamos. Además, a veces los demás también son capaces de aprender cosas nuevas.

Quizá podamos resolver estas dificultades. Podríamos llegar a un acuerdo con ese compañero nuestro que comparte la vida con nosotros dos. Seamos flexibles, que la situación provocada por el hecho de hablar en otra lengua al ir a buscar al niño a la escuela o a la guardería no sirva para que estalle ninguna desavenencia dolorosa ni ningún disgusto irresoluble. Sobre todo fijémonos en los aspectos favorables. Siempre que sea posible, que nuestros hijos tengan la ocasión de experimentar, al viajar, por ejemplo, que en otras partes del mundo la lengua que hablan es la lengua normal en que se comunican todos a todos los niveles. Busquemos en la propia Alemania ambientes en los que se hable nuestra lengua: fiestas, conciertos, restaurantes.

Resumiendo

Cuando se está en una reunión o formando parte de un grupo, no entender qué se está diciendo es una situación que resulta extraña e incómoda a los demás. Busque personas comprensibles y permita las excepciones. Tenemos posibilidades de disolver momentos difíciles, así como buenas alternativas para no vernos obligados a ceder ante la presión ambiental.

¿Cómo aprenden los niños a hablar?

Desde «dada» hasta «ti voglio bene»

Primero pensar y luego hablar...

Al parecer, así se las arreglan los niños. Cuanto más comprenden y mejor entienden las cosas del mundo que les rodea, más predisposición muestran a aprender idiomas. Por esta razón, todas las vivencias del niño tienen importancia a la hora de aprender una lengua: tocar, sentir, saborear, ver y, desde luego, oír. El significado de «suave» se aprecia a través del tacto al sentir un canto rodado en la mano. «Amarillo» se entiende cuando se ve un girasol. La diferencia entre «ácido» y «dulce» la explica la lengua, la nariz descifra los olores. Pero no sólo eso. También son importantes los movimientos, como andar a gatas y correr. «Lejos» lo explican los pies, y la diferencia entre «rápido» y «lento» se aprende con el propio cuerpo. Las palabras de los demás se perciben a través del oído, y para decir lo que uno quiere se hacen movimientos muy delicados con la boca, la lengua y los labios.

Incluso los lactantes se preparan haciendo ejercicios a su manera. Sus balbuceos les sirven para ejercitar las cuerdas vocales y la lengua. Los niños hacen experimentos. Se fijan en todo y tejen todas sus impresiones hasta formar una red de conocimiento.

Las primeras conversaciones

Es curioso observar que las primeras «conversaciones» tienen los mismos componentes en todo el mundo: sonrisas, sonidos y muecas. Si a un recién nacido le dan de beber cuando llora, al cabo de un par de días habrá aprendido algo maravilloso: «con mi llanto puedo cambiar algunas cosas». Los recién nacidos buscan nuestra mirada si estamos lo suficientemente cerca de ellos. En un par de semanas el bebé y sus padres se ponen a practicar, incluso en el cambiador, ese intercambio de impresiones que se lleva a cabo al hablar en muchas culturas. Unos meses después, el bebé empieza a balbucear, repitiendo sonidos: «dada» o «gaga», balbuceos que se han observado en todas las culturas. Poco antes de que cumpla el primer año de vida, añade unos cuantos sonidos más y podemos escuchar algo así como «dadu» o «bada». Hay sonidos que oiremos muy a menudo y otros que emitirá pocas veces. Lo más curioso es que los niños de todas las culturas emiten siempre los mismos sonidos, sean del país que sean[13].

Si de repente el bebé deja de balbucear, hay que llevarlo al médico enseguida para que examine su oído. Las dificultades auditivas deben tratarse inmediatamente. En la actualidad, la medicina dispone de excelentes métodos para tratar los problemas de audición. Si no se controlan las lesiones auditivas, la capacidad de hablar del niño sufrirá un retroceso considerable.

A medida que van pasando los meses, el balbuceo infantil se va componiendo cada vez más de elementos tomados de las lenguas que rodean al niño. Entre el sexto y el duodécimo mes, los niños empiezan a distinguir los sonidos de los idiomas que se hablan a su alrededor y responden menos a los sonidos de otras lenguas. Así, por ejemplo, se observó que niños de lengua inglesa con sólo seis meses de edad distinguían los sonidos propios del hindi. A los 12 años ya no eran capaces de distinguirlos[14].

Palabras

Durante su segundo año de vida, el niño empieza a decir sus primeras palabras. Si tenemos suerte, una de ellas será «mamá» o «papá», aunque cualquier otra que contenga la vocal «a» también puede repetirla muchas veces. Poco a poco, nuestro pequeño irá acumulando palabras, y a los 2 años habrá reunido un vocabulario de una cincuentena de términos, que seguirá aumentando hasta cumplir los 4 años.

¡Fíjate en el final de la palabra!

Parece ser que en todo el mundo debe prestarse atención a la regla infantil: ¡atención al final!

A Luisa le gusta mucho mirar libros. Cuando pasa las páginas, señala las ilustraciones y empieza a «hablar»: «*ama*» es un pij*ama* y «*ada*» quiere decir mermel*ada*, porque con su dedito señala sin lugar a dudas el frasco de su comida preferida.

Elke Montanari

Los niños parecen prestar una atención especial a la manera en que terminan las palabras y lo recuerdan muy bien.

Frases

Los niños en sus primeros intentos por comunicarse empiezan formando expresiones con una sola palabra (como «mamá»), que pueden querer decir muchas cosas a la vez: mamá, te necesito; ¡ahí está mamá!; ¿dónde está mamá?; mamá, ven; esto es de mamá, etc. Entre los 18 meses y los 2 años, las expresiones pasan a tener dos palabras en vez de una sola, como «Dani taza». Con este nuevo lenguaje aparece todo un universo de significaciones: Se ha caído la taza de Dani; esa taza es mía; quiero beber algo; esto se parece a mi taza, y muchos significados más. Pronto, las frases se van haciendo más largas y van apareciendo palabras nuevas. A los 2 años y medio, el niño empieza a decir frases sencillas, entre los 4 y los 12 años va puliendo su manera de decir las cosas. Si a los niños les hace falta tanto tiempo para aprender una lengua, no debe extrañarnos que a los adultos aprender un idioma desde cero nos parezca una eternidad.

La manera de hacer preguntas, la aprenden los niños en el siguiente orden en muchas lenguas: ¿dónde?, ¿qué?, ¿quién?, ¿cómo?, ¿por qué?, ¿cuándo? Es muy probable que este orden esté profundamente relacionado con el desarrollo de su manera de pensar. Los niños comprenden desde muy temprano dónde está una cosa; pero, para poder preguntar ¿por qué? o ¿cuándo?, tienen que entender un poco más el universo que les rodea.

El mío ha empezado a hablar antes que el tuyo

El orden en el que los niños van dando los pasos necesarios para aprender a hablar suele ser el mismo para todos. Ahora bien, el tiempo que emplean para ello es muy elástico. Algunos pequeños empiezan antes, otros prefieren aprender a andar y corretear arriba y abajo, mientras que se toman con mucha calma la cuestión del lenguaje y se ponen a hablar algunos meses más tarde. El tiempo que un niño tarda en empezar a emitir sus primeras palabras no indica de ningún modo su grado de inteligencia ni si al final hablará más o mejor.

Yo no hablo mucho, pero lo entiendo todo

La comprensión de lo hablado suele ir muy por delante del acto de hablar. A los 2 años podemos ver que nuestro pequeñín nos trae el libro, el juguete o el animal de peluche que queremos mucho antes de saber pronunciar su nombre. Desde bastante antes parece entender mucho de lo que oye, pero todavía nos sigue resultando un misterio lo que ocurre en su cabecita.

Dos modos de aprender

Todos los niños no se interesan por las mismas cosas. Muchos empiezan por los nombres sustantivos, como casa, coche, mamá, papá, y así sucesivamente. Otros empiezan mostrando mayor interés por los adjetivos, como alto, grande, fuerte, etc.

Luisa me estuvo mimándome constantemente con la palabra «mamá», pero las demás palabras que decía eran «guapa», «grande», «bueno». Ahora tiene casi 2 años y expresa sus sensaciones y sentimientos diciendo frases como «Ana mala», pero raras veces se refiere a objetos. Lo imita todo y nos asombra reproduciendo la entonación de la frase. Aunque no le entienda ninguna palabra, me doy cuenta de que me está pidiendo o preguntando algo.

Elke Montanari

En principio, se puede decir que hay dos maneras de aprender. A la primera se le llama *método analítico*, porque los niños componen sus conocimientos como si fuesen piezas de un rompecabezas. A la segunda se le da el nombre de *método global*, porque al parecer los niños se orientan más por el conjunto que por las partes que lo componen. Es muy raro que un niño corresponda totalmente a un tipo determinado; podemos compararlos con las personas de pelo rubio y las de castaño oscuro, con una enorme gradación de matices intermedios. Al examinar a los niños que saben dos lenguas, sería de lo más interesante averiguar si no es que quizá hayan aprendido una lengua por el primer procedimiento y la segunda por el segundo[15].

Éste parece ser el caso de mi propia hija. Al principio decía palabras alemanas. Apenas nombres sustantivos, pero sí muchas expresiones de lugar, como arriba y abajo. Al principio me asombraba la perfección con la que imitaba el tono de las palabras. Pensé que estaba bien claro que procedía aprendiendo por conjuntos. Pero, ¿y el italiano? En esta lengua solamente dice palabras como «orso» (*oso*), «ata» (marmellata; *mermelada*), «ama» (pigiama; *pijama*). Si yo consiguiese fijarme, diría que se trata precisamente del otro modo de aprender una lengua.

Elke Montanari

¿Cómo puede ocurrir una cosa así? He aquí una explicación posible: al empezar a hablar alemán, Luisa hizo ya sus primeros experimentos con el sistema de conjuntos (aprendizaje global). Aprendió que para expresarse hay que componer las palabras con distintos elementos. Como ya sabe eso, aprovecha su experiencia y la emplea para aprender italiano.

El aficionado a los rompecabezas aprende analíticamente

- Utiliza muchos nombres sustantivos, como mamá, papá, coche, oso.
- Sabe palabras sueltas.
- Emplea muchos adjetivos, como grande, fuerte, caliente.
- Se interesa por las cosas u objetos.

> *El aficionado a los conjuntos aprende globalmente*
>
> - Emplea muchos adverbios, como aquí, arriba, fuera.
> - Conoce expresiones completas como fórmulas.
> - Imita mucho, a veces cadenas de palabras completas.
> - Emplea menos adjetivos.
> - Imita la entonación con gran habilidad.
> - Se interesa por las personas[16].

Pensar en la lengua

Lo normal es que hasta los 6 años los niños no empiecen a pensar en la lengua. Lo notamos cuando vemos que hacen preguntas sobre el lenguaje, juegan con las palabras, y se interesan por los chistes y las expresiones de los dibujos de los cuentos. Los niños que viven en un entorno donde se hablan varias lenguas suelen empezar a interesarse por el lenguaje bastante antes que los niños monolingües:

Mi hijo Alessio y su amigo Mike hablan siempre en alemán entre ellos. Mike habla en casa en chino, mi hijo en italiano. Ambos son bilingües. Juegan con el arco y la flecha.

Mike: Dámela.
Mike: Di gan lu, lu, ¿vale? (en *chino: dame la flecha*).
Alessio: El que siempre está diciendo «vale» es un idiota.
Mike: Aquí todos dicen «*vale*». ¿Puedes dármela «vale»?
Alessio: Vale.

Cuando se hizo la grabación, Mike tenía 4 años y 2 meses.
Alesio 3 años y 10 meses

Los dos se han fijado bien en la forma de hablar de la gente de Hesse, donde viven, y el resultado ha sido una discusión asombrosa acerca de la manera en la que hablan sus convecinos, tanto más asombrosa si tenemos en cuenta la edad de estos pequeños observadores: ¡4 años! Actualmente, Alessio tiene 5 años y desde hace tres meses inventa versos rimados y se divierte haciendo juegos de palabras inventados por él mismo. A los niños plurilingües les sale naturalmente de dentro cierta conciencia lingüística. Desde muy pequeñines perciben que hay muchas maneras de decir las mismas cosas.

¿Aprenden nuestros niños con igual rapidez el inglés, el turco o el árabe?

Como vemos con cierta frecuencia, hay niños de 2 años que saben turco muy bien porque es una lengua con una estructura muy sencilla. Los niños logran inmediatamente lo imposible. Los milagros tardan algo más. Las cosas especialmente difíciles exigen algún tiempo más. Las diferencias del árabe entre el singular (una mesa) y el plural (dos mesas) son muy complicadas. Los niños llegan a tardar doce años para dominar el plural sin cometer errores.

Por lo tanto, debemos tener presente que un niño puede saber decir una cosa perfectamente, sin error alguno, en una lengua y no saber decir lo mismo en la otra. También puede que nos sorprenda diciéndonos frases que hubiéramos esperado mucho más tarde en el caso de un niño monolingüe. La información necesaria en la otra lengua para construir esa frase es tan fácil de entender que la ha trasladado sin más a nuestra lengua.

Metas, etapas y caminos

Podemos describir el aprendizaje de una lengua como si se tratase de alcanzar metas y recorrer etapas.

¿Errores o hitos?

No cabo en esta silla.

Giovanna, 4 años

La horquilla se ha rompido totalmente.

John, 5 años

A veces, si nos fijamos bien, podemos observar que el niño ha alcanzado una nueva meta en su desarrollo, como Giovanna y John en los ejemplos anteriores.

Si prestamos atención a lo que dicen, nos daremos cuenta de que ya saben emplear bien la regla. Decimos «beber-bebo-bebido», «comer-como-comido», «hablar-hablo-hablado». Por lo general, los pequeños empiezan por decir solamente palabras que han oído y las repiten. Lo suelen hacer bastante bien y con pocos errores.

Pero llega el día en el que se atreven a dar el paso siguiente. Quieren hablar la lengua activamente. Como ya tienen una idea de cómo es la regla, se ponen a experimentar. La aplican a palabras totalmente nuevas, ¡ellos solitos y sin ayuda! Salta a la vista que unas veces aciertan y otras no. No hay regla sin excepción, y así mismo sucede al hablar. El verbo alemán «verbiegen» (*deformarse por retorcimiento*) tiene un participio pasado irregular o «fuerte» –verbogen– en vez de tener uno regular o «débil», que de existir sería «geverbiegt» o «verbiegt». En un primer momento puede que digamos: «Pensábamos que iba mejorando. ¿Se le está olvidando algo?». Todo lo contrario. Los niños empiezan a aplicar la regla. El siguiente paso consistirá en aprender las excepciones. Estas creaciones nuevas no constituyen ningún retroceso, sino el gran salto que va del copiar a la formación de palabras uno mismo. Con cierto atrevimiento, podríamos comparar aprender una lengua a dar los primeros pasos al empezar a andar. Pit sabe andar a gatas muy seguro y con gran rapidez. Cuando empezó a andar incorporado, solía caer de bruces. Sin embargo, el mero hecho de andar de pie ya era un gran avance.

La mejor manera de enseñarles a hablar correctamente es alabarles por haberse atrevido a hablar y decirles algo así como: «Tienes razón, decimos "he comprado" y "he comido". Pero, cuando "rompemos", decimos "he roto" y, cuando "hacemos", decimos "hago" y "he hecho". ¿Dónde está el libro que se ha roto, Piero?».

Por esta razón, durante cierto tiempo les oiremos decir frases correctas, es decir, mientras los niños se limiten a repetir lo oído a los mayores. Luego aparecerán las «faltas» o «equivocaciones». Estos «errores» no son más que una señal de que los pequeños emplean ya la lengua de manera creativa, como algo propio, y aplican la regla. Poco a poco irán aprendiendo las excepciones y cada vez dirán más palabras en sus formas correctas.

¿A partir de qué edad distingue nuestro niño una lengua de otra?

Ya antes de cumplir los 2 añitos, nos damos cuenta de que nuestro pequeño sabe distinguir bien entre las distintas palabras. Se queda extrañado y hasta llega a ponerse furioso si le hablamos en una lengua que no conoce.

No hay que preocuparse, lo único que hacemos es confirmar algo que viene ocurriendo desde hace casi un año. Desde finales de su primer año de vida, nuestros hijos distinguen los sonidos propios de la lengua que oyen a su alrededor, pero no los de otras lenguas. Esto lo notamos cuando hacemos estudios científicos, pero no en la propia casa. Entre su tercer y quinto cumpleaños les gusta empezar a traducir:

> Stef (4 años y medio) le dice a Maria: «Koíta ti oraío deutro pou ekaua!» y luego me dice a mi en alemán: «He hecho una preciosa árbola, ¡mira!»
>
> Anja Leist en la guardería infantil bilingüe de Atenas

Entonces nos damos cuenta de que nos han asignado una lengua. Por eso, los pequeños nos corrigen cuando tenemos un *lapsus* y se nos escapa hablar en la lengua que no nos corresponde: «Mamá, ¡tú me tienes que hablar en alemán, no en italiano!».

De las peras y las manzanas

Hay muchas cosas que los niños plurilingües aprenden exactamente igual que los monolingües, pero no todas. Por esta razón, me parece que a menudo nos tomamos el asunto demasiado a la ligera cuando comparamos a los niños monolingües con los plurilingües. Los niños que saben hablar en varias lenguas aprenden gran cantidad de palabras con especial rapidez, porque saltan a la vista en su propia combinación de lenguas. Muchos conceptos los pueden trasladar de una lengua a la otra, cosa que no pueden hacer los monolingües. También hay bastantes casos en los que se ven obligados a examinar a fondo las palabras, prestándoles mayor atención, porque en una de las lenguas el concepto se parece mucho a como se dice en las otras, aunque por otro lado resulte que sea un idioma muy distinto en las dos o tres lenguas que el pequeño oye a su alrededor.

Lo que queda bien claro es que los niños que saben varias lenguas no sufren retrasos en el habla. Cuándo se decidirán a deleitarnos con sus primeras palabras abarca un espacio de tiempo de gran amplitud, en el que los niños plurilingües quedan decididamente en el medio. Unos empiezan a hablar muy pronto y otros lo hacen más tarde, al igual que todos los demás niños. Sus características más o menos llamativas son exactamente las mismas que las que se pueden atribuir a los niños monolingües.

¿Una fotografía partida por el medio?

Si queremos averiguar qué sabe un niño multilingüe, debemos considerar sus aptitudes en todas las lenguas. Si no, no obtendremos una imagen completa. No actuar así equivaldría a que cortásemos una fotografía por el medio y contemplásemos solamente la mitad. Sin duda alguna, eso resulta también interesante, pero solamente enseña una parte y quizá falte precisamente lo más importante.

Sin embargo, eso es lo que con demasiada frecuencia suele suceder cuando se juzga a los niños plurilingües, tanto si los que se ponen a emitir juicios son los parientes o los vecinos como si son especialistas. Tampoco son correctas las valoraciones sobre la «perfección con que habla en japonés y alemán», pues, ¿qué niño de 4 años habla perfectamente? ¡Ninguno! No nos engañemos, los adultos tampoco; por lo menos yo no conozco los nombres de todas las piezas de un teléfono, por ejemplo. Por otro lado, ¿hasta qué punto domina el japonés la persona que emite el juicio? Bueno, dejémoslo ahí....

Las observaciones de los padres son más exactas: por ejemplo, si el niño va a buscar lo que se le pide, si es capaz de seguir pequeñas conversaciones, si suele cometer los mismos errores. Este tema se trata más extensamente en el apartado dedicado a los «expertos».

No obtendremos un retrato completo de nuestro hijo hasta que hayamos tomado todos los trozos de la fotografía y recompuesto la imagen en su totalidad. Sólo así podremos contemplar sus aptitudes en todas las lenguas.

En camino

Aprender lenguas es un camino, un movimiento continuo. No hay puntos fijos. Si seguimos aprovechando el ejemplo de la montaña, nuestro escalador hace paradas por el camino, pero no se detiene definitivamente en un lugar para construir una casa para quedarse allí para siempre. Va subiendo, siempre cuesta arriba, pasando por partes soleadas, nubosas o lluviosas; cuando el suelo está congelado, puede que hasta resbale y retroceda una parte del camino andado cuesta abajo. Pero, en conjunto, sigue ascendiendo sin parar y cada vez está más arriba.

Cuando meditamos sobre lo que saben nuestros hijos o sobre los errores que cometen, sobre la manera en la que hablamos y jugamos juntos, siempre nos referimos a un proceso evolutivo. Muchas cosas variarán en el curso de las próximas semanas y de los meses que se avecinan, aunque sólo sea porque el niño va madurando y se está formando y ampliando su forma de pensar. Lo mismo se puede decir de niños un poco mayorcitos. Determinadas estructuras del pensamiento no se adquieren hasta los 7 u 8 años; en cambio, otras tardan más en formarse y hay que esperar hasta los 12 años, más o menos.

Lo que observamos en este momento no es más que una instantánea. Puede que un niño que tiene también 2 años, la misma edad que nuestra hija Sara, hable mucho más; pero eso no tiene ninguna importancia para saber a qué nivel se hallarán ambos cuando vayan a ingresar en la escuela. ¿Que Philipp se niega en absoluto a hablar en árabe a los 8 años? Quizá cuando tenga 12 la situación habrá cambiado por completo; para entonces habrá ido creciendo, evolucionando y, cualquiera sabe, hasta puede que su entrenador de fútbol, al que adora, resulte ser egipcio.

Las instantáneas tienen un valor limitado para exponer una situación. Mucha mayor importancia tiene preguntarse lo siguiente: ¿avanza?, ¿comete errores que siguen sin corregirse desde hace mucho tiempo? Es necesario hablar de estas cuestiones. La pequeña Nasi no sabe decir todos los sonidos a los 4 años. Eso no constituye ningún problema, pero ¿va aprendiendo sonidos nuevos?, ¿va mejorando paulatinamente?

Si empieza a ser notable la diferencia con los demás niños de su edad, lo mejor es consultar al pediatra o a un logopeda. Quizá le vendrían bien al niño unos cuantos ejercicios que le indiquen por dónde tiene que ir avanzando.

Para nosotros, los padres, tiene importancia que comprendamos que aprender una lengua es un proceso, un camino, un trabajo en marcha. De esta forma conquistamos espacio libre. Si en los momentos difíciles no cedemos, nos mantenemos firmes e insistimos en mantener, aunque sea a un nivel mínimo, la presencia de la segunda lengua, no tendremos más que esperar y veremos el fruto de nuestra tenacidad. La situación cambiará. Nada seguirá igual. Así se nos ofrecerán nuevas oportunidades una y otra vez. Lo que hoy podría parecer irremediable, desesperado, carente de posibilidades futuras, seguro que habrá cambiado dentro de un par de meses.

Resumiendo

Los niños empiezan a hablar repitiendo lo que oyen decir a los adultos. Por eso, apenas cometen errores. Cuando se han hecho una idea de cómo se aplica una determinada regla, la ponen a prueba ellos mismos. Un avance considerable. Entonces es cuando empiezan a hacer faltas. Cuando los pequeños no solamente conocen bien las reglas, sino también las excepciones, vuelve a aumentar el número de expresiones correctas. Más o menos cuando el niño cumple 2 años de edad, vemos que es capaz de distinguir dos lenguas.

Si queremos hacernos una idea de cuáles son las aptitudes lingüísticas de un niño que aprende varias lenguas a la vez, debemos tener en cuenta todo lo que sabe en todas las lenguas que emplea. Así obtenemos una imagen instantánea de la situación global. Pero no olvidemos que una imagen estática no dice gran cosa acerca de la marcha, del curso, del proceso, ni tampoco de la meta a la que llegará ese mismo niño a su debido tiempo.

¿Cuándo debemos recurrir a un especialista?

La mayoría de los niños aprenden a hablar sin ningún problema. La adquisición del lenguaje sucede discretamente y casi siempre con buenos resultados. Los niños plurilingües no constituyen ninguna excepción.

Ahora bien, hay niños que necesitan un poco de apoyo para iniciar sus primeras frases. Los especialistas que pueden proporcionarle este apoyo son los logopedas, que vienen a ser en el campo de la pronunciación lo que los fisioterapeutas son el campo del deporte. Del mismo modo que un buen masaje nos relaja la musculatura después de un duro entrenamiento deportivo y nos hace sentir bien, los logopedas saben desenredar los «nudos» lingüísticos y aplican métodos para enseñar una fonación normal a quienes tienen dificultades de pronunciación.

Hay niños que tienen dificultades para hablar porque no oyen bien. Para lograr los máximos resultados, es necesario poner a estos niños en manos del pediatra y de un especialista otorrinolaringólogo.

Los niños muy pequeños aprenden a una velocidad asombrosa. Hay cosas que al parecer sólo ellos pueden aprender. Desde su primer mes de vida se puede saber si nuestro hijo oye bien. Lo mejor es que el tratamiento empiece durante el primer año de vida. Puede que todo esté perfectamente y no haya ningún motivo de preocupación, pero, de todos modos, si no es así y se descubre alguna anomalía, lo mejor es empezar la terapia inmediatamente. Así se podrá conseguir que en el futuro el niño oiga y hable exactamente igual que todos los demás.

Los niños pueden jugar y aprender con logopedas de los 2 años en adelante. A veces se afirma que los niños de 3 años son demasiado pequeños o que un niño va con retraso porque es bilingüe. Si me dicen algo semejante, lo que hago es buscar a otro especialista con más experiencia.

Una logopeda muy buena en Frankfurt me explicó que a muchos padres no les gusta acudir al especialista porque les parece que están confesando un defecto de su hijo. Nosotros lamentamos esta forma de proceder, porque en realidad acudir a un especialista es un lujo, un regalo para el niño. Si el niño de 10 años sabe decir la «s» correctamente y habla bien, nadie preguntará qué ocurrió cinco años atrás. No se debe olvidar que, cuando el niño crece, un defecto de pronunciación puede provocar burlas durante los años escolares, por lo que es mejor solucionar el problema cuanto antes.

¿Qué debería saber nuestro hijo?

El cuestionario que se presenta a continuación fue elaborado en Toronto, Canadá, por los Toronto Preschool Speech and Language Services (Servicios

Preescolares de Lengua y Pronunciación). Les estoy muy agradecida a mis colegas canadienses por haberme dado el permiso de traducirlo y publicarlo. Lo pueden consultar en Internet en la dirección www.tpsls.on.ca en lengua inglesa. Por mi parte he añadido unas cuantas sugerencias.

Como la temprana detección de los defectos de dicción es extraordinariamente importante, muchas de las preguntas están relacionadas con niños muy pequeños. Si usted responde con un «no» a todas las preguntas de esa edad, es muy conveniente que consulte a un pediatra o a un médico especialista en garganta, nariz y oídos. No espere más.

3 meses

¿Reacciona el niño ante un ruido repentino? ¿Mira al lugar del que procede el ruido? ¿Emite sonidos? ¿Le mira a usted cuando habla con él? ¿Contesta a su sonrisa con una sonrisa?

6 meses

¿Emite su hijo sus propios sonidos? ¿Trata de atraer su atención mirándole a usted y emitiendo sonidos? ¿Emite sonidos y sonríe como respuesta a la cara con que usted le mira?

9 meses

¿Estira el niño sus bracitos para que lo tome en sus brazos? ¿Responde de alguna manera cuando oye su propio nombre? ¿Balbucea diciendo cosas parecidas a «bababa», «gaga»? ¿Parlotea cuando se pone a jugar solo? ¿Se da la vuelta cuando escucha a alguien hablando? ¿Le gusta que juegue con él? ¿«Responde» con ruidos y sonidos? ¿Entiende la palabra «no»? (la prueba no espera que un niño tan pequeño haga caso de una prohibición, pero ¿se detiene un momento?).

12 meses

¿Señala el niño cosas que están a su alrededor? ¿Hace gestos o los imita? ¿Comunica que quiere algo y para conseguirlo emplea sonidos y gestos? ¿Trae juguetes para enseñarlos o para jugar con usted? ¿Entiende ya frases sencillas del tipo «Ven, por favor», «No toques»?

15 meses

¿Le mira el niño siempre que usted le habla? ¿Repite palabras? ¿Parece que dice frases o algo así, aunque no se oigan palabras? ¿Dice una o dos palabras? ¿Entiende frases sencillas o mandatos, como por ejemplo «Coge la esponja»?

18 meses

¿Le mira primero a usted y luego a la cosa de la que usted le habla? ¿Dice «no»? ¿Emite unas diez palabras? ¿Entiende y usa los nombres de cosas corrientes, como pelota, luz, cama, coche? ¿Responde a veces a la pregunta «¿Qué es esto?»? Al jugar, ¿alterna en el juego con un compañero? ¿Emplea los juguetes?

2 años

¿Señala el niño partes de su cuerpo? ¿Dice adjetivos y adverbios, como gordo, caliente, gana, malo, bueno? ¿Hace frases de dos palabras del tipo: «Luisa sed» o «Yo galleta»? ¿Hace preguntas como «¿Qué es eso?»? ¿Le gusta que le cuenten cuentos sencillos? ¿Sabe pronunciar bien los fonemas m, b, p, d, f, l, n, t?

3 años

¿Cumple el niño mandatos de dos elementos como «Vete a la cocina y trae tu vaso»? ¿Toma parte en conversaciones breves? ¿Hace frases de tres o más palabras? ¿Habla de cosas pasadas? ¿Hace preguntas usando el «por qué»? ¿Entienden las personas que no son de casa aproximadamente la mitad de lo que dice?

4 años

¿Habla el niño diciendo frases completas, parecidas a las de los mayores? ¿Sabe contar una historia de manera que se le entienda? ¿Pregunta muchas cosas? ¿Hace preguntas empleando «quién», «cómo», «cuántos»? ¿Sabe emplear bien «yo», «tú», «él» y «ella»? ¿Empieza una conversación y sigue con el mismo tema durante un buen rato? ¿Emplea la lengua para plantear las situaciones en las que quiere jugar, como «Tú eres el médico y yo...»? ¿Sabe pronunciar bien consonantes difíciles como la R? ¿Entienden las personas que no son de casa el 75% de lo que dice?

5 años

¿Sabe explicar cómo se maneja un objeto? ¿Pregunta «cuándo» y «por qué»? ¿Habla de sucesos pasados, futuros e imaginados? ¿Toma parte en conversaciones largas y prolijas? ¿Suele componer las frases de manera correcta? ¿Conoce los colores? ¿Dice correctamente los sonidos? ¿Entienden las personas que no son de casa casi todo lo que dice el niño?

Consulte al pediatra si:

- Usted tiene dudas acerca de la evolución auditiva y del habla del niño.
- No han variado las aptitudes auditivas y de habla del niño desde hace seis meses.
- El niño repite frecuentemente sonidos o palabras y usted tiene miedo de que tartamudee.
- El niño tiene una voz rara, que llama la atención.
- Parecen desmedidos el juego y la interacción con los demás.

Nadie es perfecto: hablemos con claridad acerca de los especialistas

Nadie es perfecto y es humano equivocarse; este principio se puede aplicar también a los médicos pediatras, maestros, profesores y educadores. El plurilingüismo no figura demasiado en el plan de estudios de la formación profesional ni en los estudios universitarios. Cuando se obtiene el diploma correspondiente, llega el momento de poner en práctica los conocimientos, aumenta la experiencia, pero falta el tiempo necesario para leer y ponerse al día leyendo los estudios más recientes a medida que se van publicando.

En estos casos, lo más correcto suele ser consultar al médico pediatra y solicitar entrevistas con el maestro o profesor y el educador. Pero, cuando recibo consejos que están en contradicción con las sensaciones que yo misma percibo, lo que hago es respirar hondamente y ponerme a meditar. Por lo general, suelo consultar a otro especialista que tenga experiencia con niños plurilingües. Se han dado muchas y buenas sugerencias, pero también algunas, a las que habría sido preferible que los padres no les hubiesen hecho caso.

Resumiendo

Si ha respondido con un «no» a todas las preguntas anteriores correspondientes a una edad, sería muy conveniente que concertase rápidamente una visita para consultar a un médico pediatra o a un especialista en garganta, nariz y oídos. Ellos suelen ser las personas más adecuadas para estos casos. Pero, como el plurilingüismo sigue sin formar parte del plan de estudios de estos especialistas, con frecuencia sucede que no son lo suficientemente competentes o se fían de los conocimientos que han ido reuniendo en la vida diaria sin profundizar científicamente en el tema.

¿Cómo hablamos?

La manera de dirigirnos a los recién nacidos

Cuando mi marido y yo estábamos los dos delante de la cuna de nuestro hijo, solíamos bromear preguntándonos qué estaría pensando el bebé al ver nuestras caras justo encima de él. «¡Qué gente más rara tengo delante! No paran de hacer muecas, hablan canturreando y dicen palabras como "dadada".» En cuanto vemos un precioso bebé, parece que a todos se nos desbocan los sentimientos, tanto a los hombres como a las mujeres, tanto si tenemos hijos como si no, hasta a los hermanos y a los amigos, parece que nos han dado la vuelta como a un calcetín, que nos han transformado totalmente. ¿Qué ha pasado?

Es una maravillosa aptitud que aplicamos sin darnos cuenta. Nos adaptamos a lo que mejor saben hacer los recién nacidos y los lactantes. Lo hacemos sin percatarnos de ello. Así lo hacen todos los seres humanos en todo el mundo, en todas las culturas. Hablamos más alto y más despacio de lo ordinario, exageramos la entonación o melodía de las frases, empleamos frases breves y sencillas, nos repetimos a menudo, preguntamos mucho, hacemos gestos, hablamos con las manos, el cuerpo y la cara.

Los bebés oyen diferente a como oímos nosotros. Perciben mejor las voces agudas. En muchas culturas de todo el mundo las personas reaccionan ante este hecho. Lo habitual es hablar con un tono más agudo y más lento de lo normal, exagerar la melodía de la frase, utilizar frases cortas y sencillas, repetir frecuentemente, preguntar mucho, utilizar gestos y mímica, pues hablamos con las manos, el cuerpo y el rostro.

Se ha demostrado que distintas culturas aplican medios parecidos, como los de levantar la voz y modificar la melodía de la frase[18]. Las madres y los padres, los niños y las personas sin hijos, se adaptan a las aptitudes de estos nuevos ciudadanos de la Tierra. Esta lengua especial, con la que nos dirigimos a los niños, se conoce técnicamente como «lenguaje infantil».

Al cabo de cierto tiempo dejamos de usarla. Al hablar con niños de unos 2 años, todavía son notables las diferencias existentes con la manera de hablar de los adultos; en cambio, cuando hablamos con niños de 5 años ya no alzamos la voz ni hablamos despacio.

Sin embargo, no siempre actuamos de la misma forma. Si queremos conseguir que las cosas se hagan con rapidez, la lengua que empleamos es muy sencilla. Por ejemplo, «no toques», «ponte la chaqueta». Frases así se entienden fácilmente y nuestro pequeño las puede ejecutar inmediatamente. Cuando queremos que nuestro hijo se vista, lo que más nos importa en ese momento es precisamente eso, que se vista. Por el contrario, el niño puede aprender más si le presentamos una oferta más variada de palabras, como por ejemplo al jugar o, sobre todo, al leer o mirar los cuentos ilustrados. En tales casos hablamos más, las frases son más largas: «Mira, esto es un tractor. ¿Ves las vacas? ¿Qué hace la vaca?».

Por lo general, hablamos con especial sencillez:
Al dar de comer, al bañar y vestir a los niños.

Con más vocabulario:
Al jugar y en las primeras conversaciones.

Con el máximo vocabulario:
Al mirar juntos libros ilustrados con dibujos y fotografías[19].

Estos modelos los podemos variar nosotros mismos. Al vestir a los niños podemos explicarles lo que hacemos: «Éste es el brazo, ahora mete el piececito por la pata del pantalón», y de repente esta latosa obligación se convierte en un juego, le ofrecemos mucho más vocabulario y nos divertimos los dos. Si vestir o bañar al niño lo convertimos en un juego, nosotros hablaremos más y él aprenderá muchas más cosas.

Los libros son los triunfos en este juego de cartas que es enseñar: para nosotros, porque empleamos con ellos la lengua más abundante y rica posible, y para los pequeños, porque relacionan las palabras con las figuras de los dibujos y las fotografías. Cuantas más veces leamos juntos, mucho mejor.

A veces resulta difícil hallar libros en algunas lenguas. En tales casos, merece la pena:

- Buscar en Internet.
- Pedírselos prestados a otros padres cuyos hijos se han hecho mayores.
- Dibujar nosotros mismos pequeñas figuras.
- Los libros escritos en una lengua también sirven para hablar en otra lengua.

Durante mucho tiempo, el libro favorito de mis hijos varones fue el de los bomberos de Berlín. Mi marido se lo contaba en italiano. Como no hubo tarde en que no se dedicasen a mirarlo, acabaron por inventarse un divertido cuento para atribuirlo a las figuras e ilustraciones del libro. Una tarde, mi amiga Marianne les leyó el texto en alemán. Los niños la corregían constantemente y estaban muy disgustados porque mi amiga se «equivocaba» constantemente al leerles el libro; ése no era «su» cuento.

Elke Montanari

Resumiendo

A los bebés les gusta escuchar la melodía y el tono de nuestra voz cuando nos dirigimos a ellos, aunque no nos entiendan. Si nos dejamos llevar por nuestros sentimientos, nos acercaremos más a ellos y les hablaremos más alto y más despacio. Este lenguaje infantil lo emplean los seres humanos de todo el mundo. Al cabo de cierto tiempo, a medida que los niños se van haciendo mayores, nosotros mismos lo abandonamos sin necesidad de que nos lo adviertan.

Al bañarlos, vestirlos y darles de comer solemos hablarles con expresiones fáciles de entender. La mayor riqueza de vocabulario la empleamos cuando miramos juntos libros con figuras e ilustraciones.

El buen comienzo

Soy francesa, mi marido es de Suabia. En mayo llegará nuestro primer hijo. ¿Cuándo debemos empezar a emplear las dos lenguas?

Marie, Stuttgart

Hoy mismo, en la imaginación, en las primeras conversaciones con el niño en el vientre. ¡Nos está oyendo ya! Inmediatamente después del parto, el recién nacido reconocerá lo que ya conocía de antes.

Qué es mejor: ¿a la vez o una tras otra?

¿No sería mejor quizá que el niño aprendiese primero una lengua y luego la otra?

John, pareja angloalemana
cuyo primer hijo está en camino, Berlín

Lo mejor para todos es que acertemos en la elección y luego sigamos firmemente la regla elegida. El cambio de idiomas le resulta desagradable y difícil a todo el mundo. Los niños pueden aprender dos lenguas desde su nacimiento tanto a la vez como una tras otra, consecutivamente. No se puede afirmar que un procedimiento sea mejor que el otro, simplemente son distintos. Cuando las parejas hablan dos idiomas en casa, como en el caso de Marie o de John, lo mejor es emplear con el niño las dos lenguas desde el mismo momento del nacimiento o, mejor todavía, desde antes del nacimiento. Ahora bien, si toda la familia habla una lengua distinta de la oficial en el entorno, por ejemplo inglés en Alemania, lo mejor es que el hijo y la hija den los primeros pasos en inglés y luego pasen al alemán, por ejemplo en la guardería o bien en el parvulario.

¿Cómo se inicia el plurilingüismo en un niño un poco mayor?

Vemos que nuestro pequeño ha aumentado la confianza en sí mismo, hemos cambiado el lugar de residencia, hemos cambiado de compañero sentimental... hay un montón de circunstancias que pueden provocarnos el deseo de emprender el camino del plurilingüismo o de volver a intentarlo.

Los buenos propósitos tales como el de «desde mañana en adelante sólo hablaré en inglés» raras veces dan buenos resultados. Provocan situaciones insoportables. Los niños pierden la confianza en sí mismos y se vuelven tímidos y retraídos. «¿Por qué habla mamá así si no la entiendo?», se preguntan. Les da la sensación de que se rompe la confianza. Es mucho mejor y más sensato ir creando poco a poco «amistad» con la nueva lengua.

Cuanto mayor sea el niño, mejor comprenderá nuestros motivos. Pero es necesario que nos tomemos un poco de tiempo para lograrlo. El niño siempre debe ver con claridad el «tesoro» al que abre sus puertas la nueva lengua: juegos, experiencias maravillosas, amigos interesantes, la familia. Las mejores oportunidades se ofrecen haciendo visitas prolongadas a parientes u otros monolingües. Entonces resulta el cambio de lengua más natural y todo se hace más sencillo.

Me gustaría hablar en árabe con mi hija. Así lo hacía al principio, cuando nació, pero luego lo dejé. ¿Cómo puedo volver a empezar?

Un padre egipcio en un seminario para padres

Hemos preparado en común seis etapas:

1.ª etapa: nosotros, los padres
Tiene gran valor que empecemos por discutir el proyecto entre nosotros, hablar de las alegrías, los miedos (por ejemplo: «entonces no entenderá nada») y de nuestros deseos. Puede que consigamos hallar un camino que podamos andar en común.

2.ª etapa: escuchar y hablar

Escuchamos junto con nuestro hijo canciones o vemos películas en la nueva lengua. Al principio la sesión no debe durar más de 5 minutos; al cabo de una semana ya puede durar 10 minutos, y así progresivamente. Algo después leeremos una narración corta y miraremos juntos un libro de ilustraciones. La clave es que la conversación y los comentarios se sigan haciendo en la lengua que queremos introducir. Lo más eficaz es que las unidades sean cortas y periódicas, de unos 10 minutos diarios aproximadamente.

Las demás conversaciones deberán seguir haciéndose en la forma acostumbrada, porque la familia sigue existiendo.

3.ª etapa: las primeras palabras

Al cabo de algún tiempo cantaremos juntos una canción o aprenderemos una poesía. Hacer pequeñas preguntas puede resultar divertido: ¿cómo se llama este bicho en francés? La duración de los ejercicios puede ser algo mayor, variando entre los 15 y los 30 minutos dependiendo de la edad del niño. Es necesario que prestemos atención al momento en que disminuye la concentración de nuestro niño. En ese momento hay que dejar el ejercicio. Seguimos empleando la lengua habitual en casa, pero poco a poco vamos «metiendo la nariz» en la otra.

4.ª etapa: diálogos breves

Cuando veamos que cantar canciones nos sale bastante bien, podemos intentar establecer una conversación breve, por ejemplo: «Buenas noches, que tengas felices sueños». Cuando veamos que nos sale bien, podemos entablar otro pequeño diálogo, un tercero, y poco a poco iremos hablando cada vez más en la lengua que queremos introducir.

Debemos mostrar nuestro entusiasmo cada vez que observemos que se ha logrado un avance por pequeño que sea. Por el contrario, expresiones como «Ahora no tengo ganas» no deben molestarnos. Cuando nos hacemos amigos de una chica, al principio andamos con precaución, ¿verdad?

5.ª etapa: nuevas oportunidades

Cuando ya podamos entendernos con nuestro hijo en la segunda lengua, aumentarán las oportunidades de hablar. En la comida, al ir de paseo, al dar las buenas noches y en ocasiones semejantes emplearemos siempre una frase en nuestra lengua. El lema que debemos seguir es «ofrecer y observar». Si nuestro hijo reacciona respondiéndonos con una sonrisa o un gesto de aceptación, es que vamos por el buen camino.

6.ª etapa: el chapuzón

Ha llegado el momento de dar un «chapuzón» en una situación real, fuera de casa, bien sea en un restaurante, una fiesta familiar, una salida de vacaciones, etc. Debemos evitar que el niño tenga la sensación de que si no nada bien, se ahogará. En un caso de apuro siempre debemos dejar que emplee el idioma corriente hasta entonces.

Quizá la hija del padre egipcio necesitará cierto tiempo antes de decir su primera palabra en árabe. De todos modos, cuando empiece a entender lo que su padre le dice, será señal de que ya ha recorrido un buen trecho del camino.

Resumiendo

Mientras el bebé todavía está en camino, podemos conversar imaginariamente con él en varias lenguas. Pero también se puede empezar después. Lo mejor es hacerlo en seis etapas: nosotros, los padres; escuchar y hablar; las primeras palabras; diálogos breves; nuevas oportunidades, y el chapuzón.

Por arte de magia

Hay unas cuantas maneras de proceder, muy fáciles, que actúan como por arte de magia...

Los hijos de mi amiga Bárbara hablan que es una maravilla. Al pequeño todavía hay que sacarlo a pasear en el cochecito y ya sabe todos los colores.

Cuando el mayor, que, dicho sea de paso, sólo tiene 3 años, abre la boca, la abro yo también, pero de asombro. ¿Cómo se las ha arreglado mi amiga para lograr resultados tan maravillosos?

Vamos juntas al parque infantil. Ella es periodista y hablamos de libros. Entonces viene Nils, de 3 años, y pide una pala. Bárbara se vuelca inmediatamente sobre él, en ese momento no parece existir nada en este mundo más que el niño. «¿Qué pala quieres, la roja o la verde?», le pregunta. «La roja con el asa amarilla», responde Nils. «Ahí la tienes», le dice mi amiga mientras se la da. «¿Quieres también el rastrillo?» «No, no me hace falta.» Y Nils sale corriendo. Entonces, volvemos al punto en que habíamos dejado o interrumpido la conversación.

Elke Montanari

Dejándose guiar por sus sentimientos, Bárbara habla con sus hijos pequeños de manera que puedan aprender el máximo de lo que ella dice.

Escuchar y dejar hablar

Cuando los niños hablan con su madre, se dan cuenta de que les está dando algo importante: su tiempo. Me ha estado escuchando hasta que he terminado de hablar. Toda su atención está ahora volcada sobre mí.

Escuchar, mirar al niño, tomarse el tiempo que haga falta: la recompensa es cien veces mayor. Si precisamente nos hallamos en un momento muy inoportuno, merece la pena dejarlo para después: «Mira, estamos pasando la calle. Hablaremos cuando hayamos llegado a la otra acera. Ahora sí, ¿qué dices que ha pasado en la guardería?».

Animar

Lo que hace Bárbara es prolongar la conversación. Le consulta, ¿qué pala, la roja o la verde? Si no entiende alguna cosa, le dice al niño: «Por favor, explícamelo otra vez, no te he entendido». Se hace cargo de lo que dice el niño y lo prolonga, lo conduce hacia delante. «¿Qué pala quieres? ¿También quieres un rastrillo?» Así consigue que la conversación siga en marcha.

Mirar y escuchar

Cuando nos dirigimos a otra persona, la miramos a los ojos y nos responde mirándonos también a los ojos. Ésa es una señal importante para los niños, porque ven que en ese momento se les presta toda la atención.

Además hay otra cosa a la que los adultos no le concedemos ninguna importancia. Los niños quieren ver cómo colocamos nuestros labios al hablar, cómo movemos la lengua y tensamos las mejillas para que suene exactamente esa «d» tal como se pronuncia correctamente. Necesitan observar atentamente qué hacemos con nuestra boca, porque quieren copiarnos para hacer el mismo sonido exactamente como nosotros.

No decirlo todo

Bárbara no se esfuerza por preparar las frases. Si los adultos les damos a los niños todo ya hecho, de manera que solamente les haga falta decir que sí con la cabeza, ¿para qué se van a molestar en hablar?

Éstos no son los únicos talismanes, hay más métodos que hacen prodigios.

Dé la oportunidad de que se crezcan: anime a que se corrijan

Como han demostrado distintos estudios científicos, a los niños les gusta corregir y demostrar todo lo que saben. Y lo hacen si se les anima a ello:

Lina: ¡Pelota!
Padre, volviéndose hacia ella: ¿Cómo, por favor? ¿Me lo puedes decir otra vez? ¿Qué le pasa a la pelota?
Lina: ¡Pelota no está!
Padre: ¿Adónde se ha ido la pelota?

Lina: La pelota se ha escapado rodando monte abajo.
Padre: Bueno, Lina, vamos a buscarla.

Esto sale bien cuando la situación es relajada y el niño o la niña tiene la sensación de que puede hacer una prueba.

Receta secreta

Ahora le voy a dar una receta secreta que siempre da buenos resultados: alábelos, dígales siempre lo bien que lo hacen. Sea positivo.

Que los hechos sigan a las palabras

Todos hemos tenido alguna vez la sensación de que se nos ha secado la garganta de tanto hablar. Entonces nos viene la tentación: en vez de derrochar mis fuerzas hasta quedarme sin aliento, la próxima vez me quedaré callada, así por lo menos no me desalentaré. Ahora bien, si los hechos se suceden detrás de nuestras palabras, acabaremos por disfrutar de nuestro éxito.

Los pequeños son como nosotros. Si la pregunta «¿Por favor, puedo comer un trozo más de tarta?» va seguida de una dulce recompensa es que ha merecido la pena molestarse en hablar bien. En cambio, si la contestación es que no, entonces habrá resultado inútil molestarse en expresarse con corrección.

Por lo tanto, es importante que las palabras de nuestro querido hijo pequeño vayan seguidas por las obras, sobre todo cuando hable en la lengua que peor sepa. Recompensemos su esfuerzo y dejemos que el pequeño perciba el poder de sus palabras, siempre que sea posible. Vamos a buscar el osezno, porque Jill lo ha pedido muy bien; le concedemos nuestra atención a María y lo dejamos todo, porque quiere contarnos algo en este mismísimo momento, etc.

¿Corregir o repetir?

Uno de los peores momentos: nuestro hijo dice *siempre* mal la misma palabra. Por tercera vez, manteniendo ya apenas la serenidad, nos oímos decir con voz tranquila: «Oye, mira, se dice "queso fresco", con "f"». A pesar de todo, aunque hemos estado pronunciando la «f» durante medio minuto, nuestro hijo se ha enfadado por la interrupción y ya no quiere seguir hablando.

Corregir es totalmente inútil. Sencillamente no da ningún resultado. A veces, empeora las cosas aún más. Entonces aprendemos a nuestra costa lo que aseguran los estudios científicos: las correcciones molestan a todo el mundo e interrumpen las conversaciones. Entonces, ¿qué haremos para enseñarle al niño a decir bien la palabra?

El procedimiento adecuado se conoce como «repetición de la forma corregida» y consiste en repetir la palabra o la frase de manera correcta y continuar la conversación como si nada.

P*edro*: Queso resco.
Padre: ¿Quieres queso fresco? Aquí lo tienes. Aquí tienes el queso fresco. ¿Quieres alguna otra cosa?

Como vemos, lo que ha hecho el padre es seguir la conversación. Le enseña a su hijo lo que ha entendido y lo mucho que le interesa lo que el pequeño le ha dicho. La repetición le sirve para enseñarle la forma correcta. Él y Pedro pueden continuar la conversación.

Ofrecer la palabra correcta

A veces, sabemos perfectamente que el niño no conoce esa palabra. O bien nos damos cuenta de que no sabe pronunciarla. Si, con todas las precauciones, le hacemos una oferta, ponemos a su disposición un puente que le servirá para pasar algún barranco en su ascenso a la montaña de la lengua.

M*aryam*: Quiero... (se para), dame por favor un... eso...
Hanna: ¿Quieres decir caramelo? A esto se le llama «un caramelo».
Maryam: Sí, por favor, caramelo, caramelo.
Hanna: Aquí tienes tu caramelo.

Hanna le ofrece a Maryam la palabra correcta y salta a la vista lo agradecida que la recibe la pequeña.

¿Hasta qué punto tiene importancia para el niño la lengua que hablan sus padres entre ellos?

Mi marido y yo hablamos en inglés entre nosotros. Con nuestro pequeño, Timo, hablo en alemán y mi marido en francés. ¿Es esto perjudicial?

Nadia, Colonia

¡No le perjudica en absoluto! Los niños reaccionan más ante la lengua que les atañe directamente, en la que se les dice algo a ellos.

Con frecuencia se aconseja que los padres hablen también en francés cuando conversen entre ellos. La madre alemana debería ser la única que hablase en alemán con el pequeño. Así la madre apoyaría la lengua más débil. Hasta aquí, de acuerdo.

Al cabo de cierto tiempo, suele acabar por verse claramente que el cónyuge extranjero quiere y tiene que aprender alemán; pero si actúan como se les ha recomendado, no podrá practicarlo en casa, pues le han dicho que debe hablar en la otra lengua. Sin embargo, tendría una oportunidad ideal para ir avanzando a diario. Se hace difícil aprender la lengua del país y, por lo tanto, encontrar trabajo, seguir los estudios y realizarse de manera satisfactoria si no se habla ni palabra de alemán en casa. Con frecuencia, las incomodidades son mayores que la utilidad que se le puede sacar a esta actitud.

Cuando me lo consultan, aconsejo que se emplee la lengua que se adapte bien a la situación de la familia. A medida que vaya pasando el tiempo, cada vez será más fuerte la tendencia a hablar en la lengua del entorno en el que se vive, lo cual significa que aquí el alemán puede ir creciendo con mayor facilidad.

Tras haber pasado la primera parte de la tarde con Bárbara en el parque infantil, me he puesto a reflexionar sobre mi propia manera de hablar. La verdad es que, por decirlo muy suavemente, escuchar no es uno de mis puntos fuertes. Sin embargo, no he podido menos que sentir el empujón: ¡Debo hacer la prueba! Por lo tanto, me puse a seguir ese ejemplo y a ponerlo en práctica. Sobre todo mi hijo mayor estuvo esa semana tan alegre y equilibrado como pocas veces le había visto.

Elke Montanari

Resumiendo

Si

▲ escuchamos y dejamos hablar hasta que terminen,
▲ concedemos tiempo y espacio, animamos,
▲ nos reservamos,
▲ alabamos,
▲ a nuestras palabras les siguen los hechos,
▲ les construimos puentes,

crearemos un buen ambiente. Corregir no sirve de nada, pero resulta muy eficaz repetir la palabra mal dicha, pronunciando la palabra o expresión correcta. A los niños les parece más importante la manera en la que nos dirigimos a ellos que la lengua empleada por sus padres cuando hablan a solas.

Preguntar, pero ¿cómo?

Hay preguntas que pueden tener millones de respuestas, mientras que para responder a otras basta con que hagamos un gesto de aceptación moviendo la cabeza. Es evidente que la primera variante es un estímulo mayor para decir lo que se quiere, mientras que la segunda posibilidad le puede quitar a uno el resuello. Si no expresamos bien nuestras preguntas, ¡no podremos lograr que nos den buenas respuestas!

Preguntas con qué, quién, cómo, cuándo, adónde, etc.	Una infinidad de posibles respuestas
¿Qué quieres?	
¿Adónde vas?	

Las posibles respuestas son ilimitadas. Por otro lado, este tipo de preguntas les resultan difíciles de contestar a los niños muy pequeños porque no proponen ninguna posibilidad de respuesta. El niño al que nos dirigimos tiene que buscar por su cuenta toda la información necesaria para responder. Una de las formas que podría dar buenos resultados consistiría en hacer la prueba con una pregunta de este tipo y, si fuese necesario, ofrecerle una alternativa con una pregunta disyuntiva del tipo «esto o eso».
¿Qué es lo que quieres? ¿Qué prefieres, un zumo o un vaso de agua?

Preguntas disyuntivas (esto o eso)	Muchas respuestas posibles
¿Qué te hace falta, el cubo o la pala?	
¿Qué prefieres (comer), pan o fideos?	

Respuestas posibles: quiero el cubo; el cubo (por favor); cubo; los dos; la pala; pala; la pala, por favor: en total ocho respuestas posibles; hay otra respuesta posible: «¡Quiero pastel!»

Preguntas cuya respuesta es «sí» o «no»	Dos respuestas posibles
¿Quieres café con leche?	
¿Quieres una manzana?	

Respuestas posibles: sí o no.
Estas preguntas limitan la fantasía de nuestro pequeño. Estamos seguros de que se le podrían ocurrir unas ciento cincuenta alternativas y sería maravilloso que dijese unas cuantas.

Sin habla	Ninguna respuesta posible
¿Quieres una manzana? (se extiende la mano con una manzana para que la coja)	

Niño: M... mama.
¿Quieres una muñeca? Aquí la tienes, Nelli.
En este caso no hay posibilidad alguna de responder.

Cuando los mayores leen los deseos del niño en sus ojos, al niño le parece horrible. No se siente como un príncipe, sino más bien como una rana. Ayudaremos a nuestro hijo si le animamos a que hable.

Niña: M....
La madre la mira, se inclina hacia ella. Por favor, dímelo otra vez: ¿M....?
Niña: Mu...
Madre: Tranquila, tenemos tiempo: ¿muñeca?, ¿quieres traer la muñeca?, ¿o el osito?
Niña: ¡Traer muñeca!
Madre: Ven, vamos a buscar la muñeca. ¿Qué muñeca, Nelli o Lala?
Niña: ¡Traer Lala!

Así la niña enseña cada vez más de lo que sabe.

Cuantas más respuestas sean posibles, más oportunidades le ofrecemos. Al principio, las preguntas con las palabras interrogativas qué, cuándo, cómo, etc., les resultan demasiado difíciles a los niños muy pequeños. Por eso, es más adecuado hacerles preguntas disyuntivas que contengan una elección entre dos respuestas posibles. Preguntar si quieren una cosa y otra. A la larga, las preguntas abiertas con palabras interrogantes son las más eficaces.

Resumiendo

Buena pregunta, buena respuesta. Las mejores oportunidades las ofrecen las preguntas con palabras interrogantes del tipo qué, cómo, cuándo, dónde. Por ejemplo, «¿dónde has estado?». Claro que tienen el inconveniente de que les cuesta mucho aprender a dar las respuestas. Cuando les hacemos preguntas que contienen la posibilidad de elegir entre dos opciones (preguntas de eso o aquello), les animamos a responder. Les resulta más conversar con nosotros, pero les limitamos las respuestas posibles. Las preguntas a las que solamente se puede responder con un «sí» o un «no» o aquellas a las que no hace falta dar una respuesta hablada, obstaculizan la fluidez del habla.

Cómo facilitar el aprendizaje

Aprender sensaciones

A veces somos capaces de recordar cosas que solamente hemos visto una vez durante poco tiempo, pero que nos han impresionado por su belleza o su emotividad. Por otro lado, a veces repetimos una orden «cien veces» y no entendemos por qué la otra persona no hace exactamente lo que le pedimos que haga. Resulta evidente que repetir una cosa no garantiza que alguien la entienda ni la aprenda.

Para que nuestros hijos aprendan a moverse en el mundo, empezamos por ofrecerles nuestra lengua: hablamos con ellos. Pero eso no basta. Quieren participar con su sensibilidad, quieren alegrarse, divertirse, recibir impresiones. Sólo entonces se aprende bien.

Dejar que los sentimientos participen

La llave mágica son los sentimientos. Si nuestro hijo participa aplicando todos sus sentidos, es que está dispuesto a absorber y recibir lo que se le ofrece. Ya no tendremos necesidad de repetir, pues se habrá hecho totalmente cargo de lo que se le había dicho.

Tomemos como base lo que vemos. ¿A Jean le gusta jugar al fútbol y moverse? En tal caso, no nos pondremos a mirar libros durante largas horas, sino que practicaremos el francés en el campo de deportes. Luego él mismo tomará la iniciativa y se pondrá a mirar el libro de fútbol por su cuenta. ¿A Ann le gustan los caballos? Mientras pintamos caballos le contaremos cómo se montaba a caballo antiguamente y cómo se montará en el futuro, de esta manera aprenderá a distinguir los tiempos. Solamente una pequeña parte del aprendizaje de una lengua consiste en saberse las palabras. Construimos frases, planteamos preguntas, respondemos unas veces con pocas palabras y otras de manera extensa y complicada. Podemos practicar en todas partes y cualquier tema puede servirnos. ¡Hagamos la prueba!

Sensatez

¡Mejor ahora con el balón que en un puesto de estudiante después! Los pequeños quieren emplear la lengua para que se hagan realidad cosas que les parecen importantes.

En mis seminarios, los padres me preguntan por qué no les gusta aprender la segunda lengua ni a los hijos ni a las hijas. La atracción que ejercían los libros ilustrados parece que se evaporó hace tiempo, aquel comienzo que tanto prometía ha acabado varado en la arena. Lo que a menudo comprobamos es lo siguiente: nuestros hijos no saben qué hacer con la segunda lengua en su vida diaria. Ésta ha acabado convirtiéndose en un fin en sí misma y los pequeños, que no son tontos, se han dado cuenta de ello. Nosotros tenemos puestas nuestras ilusiones en su formación, en su carrera profesional futura, quizá también en nosotros mismos, en nuestra cultura y en nuestros orígenes. Pero no lo olvidemos, nosotros somos nosotros y ellos son ellos; vamos muy equivocados si nos confundimos en estos aspectos. Es necesario que la segunda lengua les sirva a los niños para influir en los aspectos de su vida que verdaderamente les interesan. Así despertaremos sus ganas de aprender. Enseñémosles qué puertas abre su segundo idioma, qué pueden conseguir con él aquí y ahora. Los niños quieren entender el porqué de las cosas, lo mismo que los mayores: «Mamá, ¿qué cosas estupendas puedo descubrir ahora con el griego?».

Peter crece y ¡nuestra lengua también!

Aprendemos bien cuando se nos ofrece una información que está un poco por delante de donde nos encontramos. Una tarea que sea un poco más difícil que la anterior; un texto que contenga unas pocas palabras más que el de ayer. No mucho más porque no podemos clasificar demasiados datos nuevos de una vez. Si nos caen encima demasiadas novedades, no nos acordaremos de absolutamente nada. Claro que la nueva tarea no debe ser muy fácil, porque entonces no habría nada que aprender. Lo que aprendimos ayer, hoy ya lo sabemos. Queremos que nos traigan cosas nuevas.

Adaptemos nuestra forma de hablar a los avances que vayan haciendo nuestros pequeños. Al principio, apenas saben nada; por eso, nos dejamos guiar por nuestra sensibilidad y simplificamos nuestra manera de hablar para que la puedan entender. Los niños van creciendo y se convierten en personas, y nuestras conversaciones deben ir adaptándose a su crecimiento. Llegará el momento en que se habrán convertido en adolescentes, y también el de que les ofrezcamos nuevos temas de conversación. ¿O seguimos manteniendo desde hace tiempo las mismas conversaciones de sobremesa?

A más tardar, cuando los pequeños hayan crecido lo suficiente para empezar a ir a la escuela, deberemos habernos suscrito a un periódico en nuestra lengua, adquirir la costumbre de escuchar la radio y leer libros en ese idioma; así haremos algo por él. Esto tiene aún mayor importancia si son raras las ocasiones que tenemos de emplear nuestra lengua fuera de casa. Elijamos asuntos sobre los que por lo general hablemos raras veces en casa: química, historia, ciencias naturales. Si tenemos cosas interesantes que decir, nuestra lengua y nuestra manera de hablar llamará la atención hasta de un niño de 12 años. Los libros sirven de gran ayuda.

Aprender la gramática

Es probable que no se nos haya olvidado cómo tuvimos que aprender las terminaciones verbales de las conjugaciones en el colegio. A pesar de la aplicación y del gran esfuerzo que hicimos, a la mayoría se nos olvidaron muy rápidamente. ¡Nuestros hijos tienen la suerte de no tener que aprenderse tablas como aquéllas! Tienen una aptitud de veras notable. Saben deducir las reglas de lo que oyen. Los niños comprenden la gramática muy bien en sus juegos y distracciones. No hace falta que les expliquemos cómo hay que hacer una pregunta. Basta con que se la hagamos a ellos: «¿Qué estás comiendo?». Si se les da la oportunidad de oír suficientes frases, ellos mismos descifran la gramática. Por eso es tan importante que hablemos con los pequeños. Al hablar no solamente se aprende vocabulario, sino sobre todo lo más significativo de cualquier lengua: ¿cómo se construyen las frases?

A partir de los 8 años más o menos, los niños pueden aprender de manera analítica, lo que quiere decir que ya pueden comprender las reglas. A partir de ese momento, no antes, merece la pena hacer unos cuantos ejercicios.

Distinguir la novedad en lo ya conocido

¡Ya he leído siete veces con Luisa este libro de ilustraciones! Pero ella me lo sigue trayendo una y otra vez.

El agotado Mauro Montanari

La niña todavía no ha cumplido 2 años y, sin embargo, hace precisamente lo que tiene que hacer. Busca algo que le resulte familiar, que ya conoce un poco. Por eso tiene en ese relato dos puntos en los que apoyarse. Se fija en esos puntos de apoyo, que le sirven de enlace para aprender cosas nuevas. Puede que piense: «Ése es el puchero, ya lo conozco. Pero, ¿qué es eso de abajo? Ah, claro, la mesa». Como si fuese una red de pesca, va haciendo cada vez más nudos, se va fijando en más cosas hasta que habrá hecho una red bien fuerte[20]. Así puede entrelazar cosas nuevas en esa red. Refuerza las relaciones ya conocidas: «¿Cómo se llama esto? ¿Cu...?» Entonces va él y lo dice: cuchillo.

Algo parecido es lo que hacemos los adultos. Aprendemos en pequeñas porciones y de manera que las relacionemos con cosas conocidas; de este modo nos resulta muy fácil.

No es que Luisa esté repitiendo el libro, aunque ésa sea la impresión que tiene su padre. Lo que verdaderamente está haciendo es investigar la manera de descubrir constantemente cosas nuevas. ¡Venga, a leerlo por octava vez!

Madurez

Cuando expresamos «ya te he dicho cien veces que...», puede que no hayamos sido sensibles con nuestros hijos. O que la información les quede muy lejos de lo que saben por ahora. En tal caso, lo único que tenemos que hacer es esperar hasta que llegue el momento apropiado, hasta que hayan crecido lo suficiente para captar la novedad. He aquí lo que nos ocurrió a nosotros:

A los 3 años, durante mucho tiempo, Valerio construía las frases negativas de acuerdo con la gramática alemana. Parecía totalmente inútil repetírselas correctamente, él seguía aferrado a su versión. Estuvimos a punto de dejarlo por imposible. A pesar de todo, un año después salvó ese obstáculo, sin que nosotros hubiéramos insistido demasiado. Hasta ese momento no había estado maduro.

Elke Montanari

Resumiendo

La mejor tarea posible debe ir un paso por delante de nosotros, pero no más. Debe incluir los sentimientos. Cuando los pequeños crecen, les gusta que la lengua vaya creciendo al mismo tiempo que ellos. La gramática la descifran ellos mismos por sí solos. Quieren saber el porqué de las cosas. Un juego de pelota es más apropiado en este momento que las lejanas perspectivas de estudiar en la universidad. A los niños les gusta descubrir cosas nuevas en aquello que ya conocen. El tiempo nos favorece. Son muchas las cosas que los pequeños captan cuando están lo suficientemente maduros para entenderlas.

Modelos

Stefan es también así

«¡Oye, mamá, Stefan habla ruso en casa y los sábados va a la escuela rusa!», me cuenta mi hijo entusiasmado al hablarme de su nuevo amigo. Stefan tiene además un año más que él y se lo ha tomado como modelo.

A los adultos nos gusta conservar nuestra personalidad única e inconfundible. En cambio, lo que suelen querer los niños en la pubertad es ser como el resto del mundo. Quieren poner a prueba los mecanismos de un grupo. ¿Qué está permitido? ¿Qué me dejan hacer? ¿Qué es lo que no me dejan hacer? ¿Qué es lo que les gusta a los demás? Son muy pocos los niños a los que les gusta ser el único que sabe y «puede» más que los demás. Y ahí entra también el hecho de dominar dos lenguas en vez de una.

En tales casos, es inútil que les contemos cien veces lo estupendo que es saber comprarse uno solo lo que quiera en Italia y que los demás le vengan pidiendo que por favor les haga de traductor. A nuestro hijo no le hace esto ninguna ilusión.

Para él, son otras las cosas verdaderamente importantes; por ejemplo, lo que hacen sus amigos. Podemos aprovecharnos de esa cualidad y ponernos a pensar qué amigos plurilingües tenemos que podrían servir de modelos a nuestro hijo. Bastantes veces sucede que nuestros pequeños no se percatan de que hay otros niños que saben varios idiomas en su propia clase, en el club de fútbol o en el barrio. Merece la pena que se lo indiquemos.

Viví unos momentos maravillosos cuando Stefan, el amigo de mi hijo, vino a comer un día a casa. Le pregunté: «Tú sabes ruso, ¿verdad? ¿Hablas en ruso con tu madre?». Enseguida se puso a contarnos cosas. Me pareció precioso que nos hablase de todo ello; pero lo que más me gustó es que tanto él como mis hijos descubrieron fascinados que tenían una cosa importante en común. Entonces Valerio recordó que su profesor de música también sabía ruso y así penetró en su ánimo otro modelo bilingüe.

En los recreos, hablo en turco porque mi mejor amiga va a la misma escuela y con ella siempre hablo en turco. Porque... no sé... es que, si has estado todo el día hablando en alemán, te apetece un poco de turco de vez en cuando.

Asuman[21]

Las personas que los niños toman como modelos a imitar que saben varias lenguas, como entrenadores deportivos, profesoras de *ballet*, profesores de música y los mejores amigos constituyen una gran ventaja para la educación. Pueden ser personas que hablen los mismos idiomas que nuestros hijos. Pero también plurilingües que hablen otras lenguas pueden servir de ejemplo y modelo: no eres el único, somos muchos.

Con cierta frecuencia se consiguen encontrar compañeros de juego que hablen la segunda lengua, sobre todo cuando se trata del francés o el inglés. Por eso, tiene gran interés la búsqueda de información referente a grupos organizados para cuidar a niños lactantes o grupos de juegos que empleen la segunda lengua y estén situados en las cercanías de nuestro hogar.

A nuestros pequeños, el hecho de conocer a otros niños que también hablan varias lenguas les abre nuevas perspectivas. Se encuentran en un plano superior metalingüístico. En este plano superior se medita acerca de la lengua. Entienden que hay muchos idiomas y que todos tienen el mismo valor, que las mismas cosas se pueden expresar de formas distintas, que muchas personas viven en varias lenguas. Así van formándose, adquiriendo conciencia de lo que realmente significan las palabras.

Entonces, nosotros, los adultos, dejamos de parecerles marcianos, pues los niños ven que hay otras personas que hablan varias lenguas y ocupan su sitio en la vida diaria. Entre esas personas plurilingües se incluyen ídolos, estrellas de música pop, futbolistas, ciclistas, conductores de motos y automóviles de carreras y hasta reinas. Cuando Michael Schuhmacher habla en italiano en la televisión, ofrece un modelo para sentirse identificado de la mejor calidad: es amable, tiene éxito, es un triunfador y sabe varios idiomas.

Plurilingües famosos

- Samuel Beckett: inglés, francés, alemán; premio Nobel de Literatura.
- Joseph Conrad: inglés, francés, polaco.
- Marie Curie: francés, polaco; premio Nobel de Física.
- Mahatma Gandhi: inglés, gujarathi, hindi; premio Nobel de la Paz.
- Cristóbal Colón: italiano, portugués, castellano.
- Madonna: inglés, italiano.
- El ratón Mickey: más de veinte idiomas.
- Roman Polanski: polaco, inglés.
- Michael Schuhmacher: alemán, inglés, italiano.

Resumiendo

Las personas que los niños toman como modelos que dominan varios idiomas nos allanan el camino a seguir. La mejor amiga, el entrenador de fútbol, la profesora de música, la estrella de la canción pop, etc., les dicen a nuestros hijos que son muchos los que hablan distintas lenguas. No tiene demasiada importancia que éstas no coincidan con las nuestras.

Juegos

Guisar, relatar, cantar, hacer trabajos manuales, todo entra en el acto de aprender un idioma. Estas ideas de juegos tienen un punto en común: dan oportunidades para conversar. Para que las conversaciones sean en lo posible muy ricas, lo mejor es que en los juegos intervenga también un adulto, que no sea precisamente mudo. Ni qué decir tiene que los juegos en que solamente intervienen niños también son muy divertidos. Claro que la eficacia docente es menor. A continuación se ofrecen un par de sugerencias.

Canciones

La música, la combinación de la melodía, el ritmo y las palabras, un maravilloso puente a una nueva lengua. Cada uno de los elementos sirve de complemento al otro. Cuando no me sé las palabras, me contento con tararear, no se pide mucho, el umbral es bajo, todo el mundo puede intervenir. Ésa es la ventaja de emplear canciones, bailes y cantinelas infantiles.

Los juegos con los dedos relacionan el contacto de los dedos con las palabras y con la diversión que ese contacto produce (pan caliente, 19 y 20). En estos juegos se apela a muchos sentidos y se les hace actuar.

Escuchar y copiar por escrito el texto de los nuevos éxitos de la canción constituyen una magnífica ocasión para animar a los mayorcitos y adolescentes a que escriban. En las fiestas organizadas con motivo de los cumpleaños o de la Navidad tienen una buena ocasión de demostrar la forma en que pueden participar varias lenguas.

De todas maneras, es bastante limitada la utilidad contenida en una conversación. Todavía recuerdo muy bien mi experiencia de saber cantar «Sur le pont d'Avignon» y, en cambio, pasar apuros para comprar un panecillo en París. Saber canciones no aumenta la capacidad comunicativa. Por decirlo con otras palabras, con canciones solamente no se aprende ni a entender la lengua ni a hablarla. Son una hermosa manera de montarnos en ese vehículo maravilloso que constituye la lengua, un descanso, son divertidas y en ese sentido son insustituibles. Son los primeros pasos. Pero luego hay que dar más pasos, conversaciones, leer en voz alta, jugar en la lengua que queremos aprender y muchas cosas más.

Juegos Kim

En todos los Kims, los niños deben adivinar objetos que no ven, oliéndolos, tocándolos o saboreándolos. ¡Cualquier cosa vale! Al mismo tiempo hay que hablar todo lo que se pueda (¿qué sientes al tocar esto?, ¿es áspero, liso, tiene punta?, ¿está caliente, templado o frío?). Los objetos deben estar tapados, en caso contrario se les tapan los ojos a los niños, aunque debemos recordar que a muchos esto no les hace ninguna gracia. A los pequeños les resulta ciertamente de ayuda que les dejen ver las cosas unos minutos antes de comenzar las adivinanzas.

El Kim de oler

Naranjas, queso, jabón, ajo, todas las cosas se pueden reconocer con los ojos tapados. Es un juego estupendo para practicar los adjetivos: penetrante, dulce, agradable, fuerte, etc.

El Kim del tacto

Bajo una colcha ponemos una pieza del rompecabezas de construcción, un cepillo, un libro, un trozo de madera, una piedra. Se pueden palpar y hay que adivinar qué es cada una de esas cosas ocultas. Es un juego magnífico para describir formas y superficies: liso, puntiagudo, con cantos, redondo, etc.

El Kim de los calcetines

En varios calcetines se introducen lentejas, alubias, arena, sal, fideos. Se les pide a los niños que metan la mano y que digan lo que notan. Con tal motivo se pueden hacer comparaciones: mayor/menor, fino/grueso, etc.

Como la vida misma

¿Qué hay que decir en Correos? ¿Cómo se llama la fruta en el mercado? ¿Qué compramos? Todo esto lo podemos hacer en nuestra propia casa.

El puesto del mercado

Con plastilina formamos diversos tipos de fruta: roja, manzanas redondas, plátanos amarillos alargados, etc. Todo gira por sí solo en torno a los colores y a las formas. Pronto abrimos el «mercado» y jugamos a vendedor y cliente cuando los niños sean un poco mayorcitos, podremos tomar una balanza y ponernos a hablar de pesos y cantidades (números). Además, podemos echar mano de dinero de juguete que hayamos comprado o hecho nosotros mismos y ponernos a jugar a pagar y calcular.

La tienda

¿Qué necesito para hacer mi comida favorita? ¿Me llega el dinero para tres manzanas? ¿Es pan tierno? Con este juego tan clásico aprendemos de paso a pagar, calcular, negociar y también los nombres de los alimentos.

¿Adónde vamos con la carta?

A los niños en edad escolar les divierten mucho los buzones de Correos. De esta manera escribir se convierte en un juego interesante y divertido. Asumimos el papel de funcionarios de Correos y les preguntamos cuántos sellos quieren.

Este juego es especialmente apropiado para los niños a los que queramos que les guste leer y escribir en las dos lenguas. Para que el juego salga mejor, lo que podemos hacer es traerles impresos originales.

Lo mismo se puede aplicar cuando se juega a ir en tren, a estar en una casa de labranza en el campo y en la habitación de las muñecas. Lo que de veras importa es fomentar la conversación.

No salirse del tema

Lo mejor es que nos fijemos en alguna cosa que nos haya ocurrido anteriormente en una situación parecida. Entonces, podremos concentrarnos en la novedad, y no quedaremos ahogados ni abrumados por el exceso de información. Podemos entender bien, comprender la forma en que están construidas las frases, penetrar en el sentido de nuevas palabras. Como ya conocemos algo del tema, nos sentimos más seguros. Podemos grabar mejor en nuestra mente lo que hemos aprendido, porque lo que volvemos a ver una vez más resulta más fácil de trasladar de la memoria a corto plazo a la memoria a largo plazo.

¿Pero es verdad que podemos seguir un juego durante semanas e incluso meses? ¿Se puede enlazar lo dicho ayer, lo vivido hoy, continuarlo mañana y hacer el seguimiento de los discursos a lo largo de varios días? Pues sí y, además, muy bien. Hay temas que siempre les entusiasman a los niños, por ejemplo los juegos de piratas o en los que haya animales.

El amor pasa por el estómago

Cocinar es una experiencia que entusiasma a todos los niños. Al guisar, combinamos la lengua, la cultura, los trabajos manuales, junto con el placer de comer todos juntos. Al pesar los condimentos hacemos cálculos, una lección general que, por otra parte, tiene un sabor muy rico.

Libros

Baratos, de fácil manejo, estupendos para aprender; un medio maravilloso que hace milagros, es antiguo y todos lo conocemos. Estamos refiriéndonos a los libros. Cuando los niños están familiarizados con la letra impresa, hablan mucho mejor. ¿Por qué?

- Los estudios realizados confirman que la lengua de los padres se vuelve más rica, interesante y variada al leer o contemplar historietas ilustradas[22].
- Al contar cuentos, lo primero que se debe hacer es explicar quiénes son los personajes que intervienen. Luego viene la trama de la historia, algo se transforma. Al final se llega a un desenlace feliz. Los niños aprenden todo

eso y lo utilizan para contar sus propios cuentos, por ejemplo: «Hoy en la guardería, Jacqueline...».

- Los libros son de fiar. Cada vez que los hojeamos se cuenta la historia en el mismo orden, de manera que lo que ayer intuimos vagamente, hoy lo podemos entender. Cada vez que leemos el libro, aprendemos más cosas de la historia y de sus personajes. Cuando ya entiendo aproximadamente toda la historia en su conjunto, me puedo dedicar a descifrar los pormenores.

- Los pequeños pueden mirar ellos solos las figuras o ilustraciones sin compañía de nadie y ponerse a recordar lo que habían aprendido hasta entonces. Puede que lleguen a hablar y entablar conversaciones a solas para practicar.

- La escritura es un elemento imprescindible, algo que se debe empezar desde pequeños. Cuando unos cuantos años más tarde haya que enseñarles a leer y escribir, las letras no les resultarán unos seres misteriosos y extraños, sino buenas amigas de siempre.

Hacer teatro

«¿Estáis todos ahí?» «¡ Sí!» Con estas palabras, Kasper levanta el telón y empieza la historia. Actuar uno mismo, contar a su manera los cuentos que ha escuchado, imaginarse otros cuentos o preguntarle a una muñeca sentada a la mesa de comer «¿Qué has soñado esta noche? ¿Qué es lo que más te gusta comer?». El teatro es un medio maravilloso para que los pequeños hagan prácticas de hablar, entender y hacer algo al mismo tiempo, en una palabra, de sentir. Las muñecas, las marionetas o el dedo índice son igualmente apropiados. Para los niños un poco mayorcitos, los grupos de teatro, los juegos, aprenderse una escena breve para la clase de inglés o de italiano, son magníficas oportunidades de avanzar por la montaña del idioma con botas de escalador.

Resumiendo

He aquí unas cuantas oportunidades estupendas de jugar:

▲ Muñecas pequeñas.
▲ Canciones.

- ▲ Kims.
- ▲ Juegos con distintos papeles, como el mercado, la oficina de Correos.
- ▲ Juegos de larga duración con el mismo tema.
- ▲ Cocinar.
- ▲ Libros.
- ▲ Teatro.

Todos los juegos ofrecen temas para que los niños hablen y se comuniquen entre sí. La forma más eficaz de aplicar los juegos y de sacarles provecho es que los adultos participen en ellos y aprovechen las oportunidades para conversar con los pequeños y enseñarles palabras nuevas sin que ellos se den cuenta.

¿Qué importancia tienen la lectura y la escritura?

Sin duda alguna, la escritura forma parte de la lectura desde Finlandia hasta el sur de Chile. Existen algunas excepciones, pero no son muchas.

Enseñar a escribir sin faltas es una gran tarea, por lo general demasiado grande para los padres, que, además, tienen que prestar atención a los demás hijos, a su trabajo y a llevar a cabo miles de cosas de la vida diaria. Lo que sí se puede hacer es leer, y escribir una tarjeta postal o una cartita, aunque sea con unas cuantas faltas.

¿Al mismo tiempo que la escuela, después de la escuela o de manera intercalada?

Probablemente, todavía no hay nadie que pueda responder sinceramente cuál es el método que da mejores resultados. Cuando se aprenden simultáneamente dos o más lenguas hay un escollo: las diversas lenguas tienen distintos sistemas ortográficos. El sonido de la «O» se escribe «o» en alemán, neerlandés, lenguas escandinavas, castellano, italiano, portugués y en otras lenguas románicas, mientras que en francés se puede escribir «eau», «au» o bien «o», en inglés «augh», «aw», y de otras varias formas. Para los escolares turcoalemanes, el sonido alemán de la «sch» es extremadamente importante. Tienen que aprender y practicar las diferencias entre ambas lenguas al mismo tiempo.

Si se explican las diferencias en la ortografía de las dos lenguas, la alemana y la turca, con toda claridad, y se hacen los ejercicios correspondientes, se podrán aplicar ambas formas ortográficas de escribir, tanto simultáneamente en las dos lenguas como empezando con la alemana en la escuela y, a continuación, siguiendo a los 8 o 9 años con la ortografía turca. Otro sistema posible sería el de empezar a los 5 años con la escritura turca y luego a los 6 años con la escritura alemana.

En realidad procedemos siempre intercalando ambas lenguas. Cuando nos ponemos a contemplar un libro turco ilustrado con nuestra hijita de 4 años, podemos decir que empieza ya a leer. Ella ve las letras. Quizá hasta leamos en voz alta el texto. Ella se fijará en alguna frase que le guste mucho y puede que hasta se la aprenda de memoria. En la escuela, el profesor le presentará el abecedario alemán y nuestra pequeña lo comparará con los libros turcos. Nosotros le explicaremos qué es igual en los dos idiomas y qué es diferente. Las dos formas de escribir se pondrán a girar como dos ruedas dentadas engranadas que sirven de propulsión a un motor.

¿Cómo podemos despertar la curiosidad?

No hace falta que hagamos más que lo que hace cualquier establecimiento comercial con sus clientes: decoraremos los escaparates y prepararemos la entrada de tal modo que invite a penetrar en el local. En la práctica ¿qué debemos hacer?

La entrada debe ser tentadora

La lectura no debe empezar en los libros, todo lo contrario. Podemos hallar un gran número de ocasiones en las que aparecen cosas escritas y, si fuera posible, que tengan efectos inmediatos. Por ejemplo, le escribimos una tarjeta postal a la abuela y nuestra hija escribe su nombre ella misma. Pronto le dejaremos que sea autora en exclusiva. Debajo de una figura preciosa que representa a un caballo escribiremos «caballo», «Ross» o «Horse». ¿Nuestra pequeña ya hace recados y algunas compras? Magnífico, le escribimos una pequeña lista de la compra con dos o tres cosas, pero al principio no nos olvidaremos de poner al lado de cada palabra un dibujo. Si nuestra hija se ha hecho amiga de otra niña, que también habla nuestra segunda lengua, durante las vacaciones, le daremos nuestras señas y le pediremos su dirección. Al principio, ayudaremos a nuestra hija, le proporcionaremos las tarjetas postales y los sellos para que la correspondencia no falle por falta de material. ¿Le fascina el ordenador? Estupendo, lo que tendremos que hacer es buscar un juego para escribir en nuestra lengua que nos sirva para emplearla en el ordenador. A Tim le gustaría llamar por teléfono a su tía. «Muy bien, busca tú mismo su número de teléfono en la E...» Los textos impresos forman parte de nuestra vida diaria. Leer en voz alta y contemplar juntos los libros ilustrados son un buen complemento.

Apoyémonos en las cosas que les interesan

Al principio, el hecho de que los pequeños les escriban a sus abuelos sus primeras tarjetas de felicitación con ocasión de las fiestas de Navidad, por su cumpleaños y su santo, constituye un gran acontecimiento; pero siempre llega el momento en que ese encanto se acaba por difuminar. ¿Qué tal si le organizamos a nuestro hijo su propia dirección de correo electrónico? Lo que tiene importancia es que le prestemos nuestra ayuda, sobre todo al principio. Podemos escribir juntos los primeros mensajes, organizar los contactos, hasta que la correspondencia funcione sola.

¿Vago para escribir hasta no poder más, pero entusiasmado por Internet? Además, los sitios de la red se componen en gran parte de textos que es necesario poner al día una vez al mes por lo menos. Con tal de tener su propia página personal, puede superar su propia manía al alfabeto y, claro, como está en varios idiomas resulta muy atractiva. No es necesario que sea cara, se puede tener una dirección en Internet por sólo dos euros mensuales a los que hay que añadir los gastos del teléfono.

Las conversaciones a través de Internet funcionan también por medio de la escritura. Si le permitimos el acceso a nuestro hijo, se pondrá a escribir a diario, sin que nadie se lo mande. Podremos conseguir que escriba sin necesidad de ejercer presión ni de concederle recompensas. De todas formas, es necesario llevar un control y vigilar de vez en cuando.

En los quioscos de prensa hay cuadernos conteniendo las letras de las canciones más conocidas de la música pop. Una verdadera mina para los adolescentes que saben inglés. Si la canción de moda no aparece en ellos, podemos ponernos juntos a descifrar la letra y escribirla.

A la mayoría de la gente ni se le ocurre abrir libros de más de doscientas páginas. Por eso, no les regalemos por su cumpleaños ningún «tocho» de literatura juvenil, sino un cómic. Es de lo más importante que elijamos uno que se cuente entre los favoritos de sus compañeros de clase y entre sus amigos. Aunque lo único que hagan sea mirar las ilustraciones, la mirada pasará sobre las letras, y reconocerán alguna palabra. Lo que más importa es que siempre se dé cuenta de que hay algo escrito. No hay que tenerle miedo a la escritura.

A veces, también puede ser conveniente hablar claramente y sin tapujos con los adolescentes. Si, por ejemplo, andan soñando con irse a vivir a otro país cuando sean mayores, pronto se darán cuenta de la necesidad de aprender a leer en la lengua del país que hayan elegido. Merece la pena hacer la prueba, pues, si algo acaba por entrarles en la cabeza, habremos dado ya el primer paso importante.

¿Y los errores?

A este respecto, debemos tener presente dos cosas, y somos nosotros mismos los únicos que podemos decidir qué es lo más apropiado para nuestro pequeño.

Desde hace ya varias décadas, los estudiosos de los procesos de aprendizaje sostienen que en realidad captamos y aprendemos las palabras como si fueran figuras, imágenes. Cada vez que aparece ante nuestros ojos una palabra, no nos ponemos a deletrearla para luego componer una palabra con sus elementos ya desmenuzados, lo que tenemos en la cabeza es una imagen, una forma. Por eso, los errores se nos quedan grabados también como una forma, como una figura, y con cierta frecuencia tenemos la impresión de que las palabras erróneas, las inconvenientes, así como los insultos y los juramentos echan raíces especialmente hondas en nuestra mente. Por tal razón, es muy conveniente impedir que esos errores lleguen a grabarse profundamente en la memoria, por lo que debemos corregirlos de la forma más amable posible con la colaboración de nuestro hijo.

Por otro lado, estos errores suelen provocar decepciones y frustraciones. La hermosa figura creada con tanto esfuerzo queda afeada por la corrección, no hay donde meter la letra *h* sobrante, al borrar la letra con la goma se ha emborronado todo, hay que volver a empezar... Para no quitarle las ganas de escribir, es necesario que al hacer las correcciones procedamos con el máximo tacto y precaución.

Los padres nos encontramos entre dos fuegos. La única manera de salir adelante consiste en observar al niño y fijarnos en cuáles son las cosas que es capaz de soportar bien y cuáles son las que le cuestan más. No es necesario corregir todas las equivocaciones; a veces basta con que apuntemos la palabra bien escrita en una hoja aparte y le digamos: «Mira, así es como se escribe correctamente. ¿Qué diferencias notas entre las dos palabras? Fíjate bien en ella y apréndetela, por favor. Pero, aun así, deja la tarjeta tal como está, si quieres».

¿Quién puede ayudarnos a enseñar a escribir?

Desde luego, los maestros. Se puede obtener más información acerca de las escuelas y la enseñanza bilingüe y en la lengua materna en la sección referente a las formas escolares en varias lenguas.

Resumiendo

Leer y escribir no constituyen ninguna rareza; forman parte de casi todas las culturas. Leer un letrero, un menú, escribir una tarjeta postal, son metas que se pueden alcanzar. Se puede aprender a escribir en dos sistemas ortográficos a la vez o uno tras otro. Hay que darle especial importancia a las diferencias entre los dos sistemas ortográficos. Los parecidos superficiales pueden provocar errores.

¿Cómo aprende mi hijo alemán correctamente?

Las dos ruedas de una bicicleta

¡Mi hija tiene que aprender alemán correctamente; es necesario que obtenga el graduado escolar y adquiera una buena formación!

Un padre griego de Berna

A veces no lo parece en el debate político, pero creo que todo el mundo está de acuerdo en un punto: todas las personas que viven en Alemania tienen derecho, deben y es necesario que aprendan la lengua alemana lo mejor posible. Es la única forma de que los niños puedan aprovechar todas las oportunidades de aprender y adquirir una buena formación, de discutir, entender, leer el periódico, participar en la toma de decisiones y en todos los aspectos y ámbitos de la vida de este país.

En la manera de llegar a este resultado es donde las opiniones varían. También constituye una discusión política acerca de conceptos tales como la convivencia, el multiculturalismo, la integración, la adaptación y la tolerancia, y muchas cosas más.

Empecemos por considerar los puntos de vista lingüísticos. Muchas teorías y los resultados de muchos estudios científicos avalan la idea de que cuando los niños aprenden *una* lengua, aprenden muchas cosas acerca de *todas* las lenguas. Max aprende a decir sus primeras frases, pero, además, comprende que hay algo así como una estructura para componerlas. De una manera u otra, hay que explicar claramente quién hace algo y qué es lo que hace, por ejemplo: «¡Balón rueda!». Esto vale tanto para el alemán como para las otras lenguas; hasta en italiano, lengua en la que no hay que decir por separado quién es el que actúa. Max no solamente aprende muchas palabras, sino también que existe la gramática. Esos conocimientos le pueden resultar muy útiles para aprender la segunda lengua. Y ¡vaya si lo hace! Las educadoras lo confirman:

La experiencia me ha enseñado que si los niños hablan con sus padres en turco, coreano o en cualquier otra lengua, enseguida aprenden conmigo las palabras alemanas para poder participar en la clase. La situación se vuelve más complicada en el caso de los niños que hablan mal el alemán en casa o en el de los niños que apenas hablan. A veces pienso que apenas avanzo con ellos.

Martha, educadora en una guardería de Hannover

Los niños pueden aprovechar muchas de las aptitudes adquiridas al aprender una lengua para aplicarlas al aprender el segundo idioma. Por eso, hay veces que avanzan con tanta rapidez que nos cuesta de creer. Cuando Max es ya capaz de construir perfectamente frases correctas, aprende rápidamente la manera de formarlas en francés, alemán o en chino.

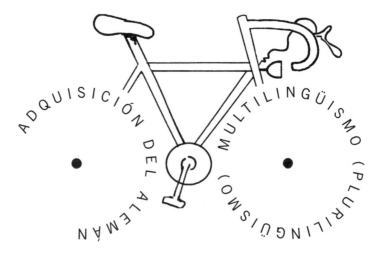

Los niños plurilingües avanzan como si fuesen en una bicicleta
cuando giran ambas ruedas.

Las dos ruedas son redondas y no están abolladas	Se aprenden bien las dos lenguas.
Se hinchan los neumáticos	Las conversaciones, las relaciones con los demás componen el aire para hinchar los neumáticos. En las dos lenguas existen estímulos, incluso a largo plazo.
Se ponen parches a los pinchazos	Se llenan los huecos de conocimientos, siempre se da información nueva, p. ej. con libros, conversaciones, revistas.
No se frena ni se bloquea ninguna rueda	Se les concede el mismo valor a todas las lenguas y se le permite al niño que hable en todas ellas.

Una rueda de varios idiomas puede tener muchas formas. En una bicicleta que tenga una rueda grande y la otra pequeña se puede avanzar muy bien; se puede combinar un neumático de carreras con uno de perfil, y así montarse uno mismo su propia bicicleta. Al que le guste la comodidad, puede que prefiera una bicicleta de tres ruedas, que son muy estables y nunca se caen.

¿Qué significa esto en nuestra vida diaria? Para que nuestros hijos aprendan alemán correctamente, no tenemos que renunciar a nuestra propia lengua. Todo lo contrario: cuanto mejor aprendan nuestros hijos e hijas una lengua, con mayor facilidad tendrán acceso al alemán. La mejor manera de ayudarles es que les hablemos lo más posible en nuestra lengua.

Resumiendo

El aprendizaje del alemán y el plurilingüismo son como las dos ruedas de una bicicleta: no sólo no se estorban entre sí, sino que se avanza mucho mejor con ellas. Muchas de las cosas que un niño cuyos padres no son alemanes aprende en la lengua materna las puede aprovechar para aprender alemán.

¿Nada de alemán en casa?

Si el alemán no está presente en casa, ¿dónde lo aprenderán los niños? Existen varias posibilidades.

En la guardería o parvulario

¿Qué pueden aprender nuestros hijos en la guardería? ¿Qué no pueden aprender en ella?

Con sus compañeros de juegos aprenden una forma de hablar adecuada a los niños de su edad. En otras palabras, junto a un niño de 4 años se aprende la forma de hablar de un niño de 4 años. Con todas sus ventajas e inconvenientes. Los niños son los «profesores» ideales de todas las expresiones fundamentales: los sonidos que emiten los animales y los motores, las marcas de coches o las expresiones de moda.

La cosa se pone más difícil si se quiere que el pequeño aprenda también la gramática. Las expresiones bien construidas y las frases largas aparecen raras veces en los juegos, si prescindimos de expresiones como «Esto es mío» y «Yo he llegado antes aquí». Para aprender expresiones complejas, los niños necesitan que alguien se las diga: adultos o chicos mayores. Que nuestro pequeño Eric alborote y hable entre dientes exactamente igual que los demás cuando esté jugando en la alfombra de la guardería no tiene la misma importancia que el hecho de saber expresar cuestiones complicadas expresándose en alemán. No tiene por qué hablar como un catedrático, pero debería saber decir correctamente frases completas. Con cierta frecuencia no nos damos cuenta de esa carencia hasta que el niño va a la escuela. A primera vista va todo sobre ruedas, juegan juntos, se entienden, se pelean entre ellos, etc.

En estas instituciones varía mucho la cantidad de lengua que los mayores les transmiten a los niños. Hay grupos en los que se les lee a los niños en voz alta, y los cuidadores y cuidadoras juegan y hablan con los pequeños. En tales casos, los niños escuchan muchas frases que pueden aprender. En otras instituciones se hace especial hincapié en que los niños se las arreglen por sí mismos siempre que puedan; quizá sea porque las educadoras tienen más trabajo del que pueden asumir. La consecuencia es que se producen menos conversaciones entre mayores y pequeños.

¿Aprenden más los niños que asisten todo el día a la guardería? Por lo que yo misma he visto, no, sobre todo si se habla poco después de comer y se les deja a los niños que jueguen a sus anchas y que se las arreglen entre ellos.

Por eso no debemos confiar ciegamente a este respecto en las guarderías, parvularios y otras instituciones de este tipo.

¿En casa de la abuela o de la niñera?

Si la abuela o la niñera que se hace cargo del niño cuando los padres están ausentes lee con él y le explica cuentos, es una buena maestra. Puede que podamos averiguarlo hablando con ella. ¿Cuántos niños tiene a su cargo? Si tiene que cuidar a uno o dos niños, hablará más con ellos que si tiene a su cargo seis o siete pequeños.

Si prestamos atención a lo que dicen nuestros hijos podremos averiguar si aprende alemán con la niñera, si sabe más que el mes pasado, si construye frases más largas, etc.

La hora de los juegos

«¡Qué bien! Hoy viene Laura.» Melanie está contentísima. Laura tiene 12 años y juega con ella a la casa de muñecas, con el banco de herramientas, y a muchas otras cosas. Melanie tiene 5 años y siempre se alegra de que llegue la tarde del miércoles para jugar con la niña mayor.

Lo que yo recomiendo para fomentar el aprendizaje del alemán es organizar una hora de juegos. Pasar una tarde divertida jugando es una clase estupenda. Con tal de que la propia Laura se divierta, claro. Si se queda allí sentada, sin decir palabra, muda como un pez, es preferible que venga una chica a la que le guste más charlar, aunque hable por los codos. Si desde muy pronto organizamos una hora de juegos semanal, obtendremos buenos resultados. A partir de los 3 años, más o menos, una compañera de juegos viene siempre bien y así nos quedarán una o dos horas libres para nuestras propias cosas. Cualquier niña de más de 14 años que vaya a la escuela será perfecta. Puede hablar, leer, mirar libros ilustrados, jugar con las muñecas contándole historias a nuestra querida hija. Lo verdaderamente importante es que las dos jueguen juntas, empleando siempre alemán culto, sin mezclarlo con el dialecto. Por eso, esa compañera de juegos debe saber hablar alemán muy bien. Una sugerencia: si dejamos abierta la puerta de la habitación y no hacemos ruido, nos enteraremos de lo que pasa allí dentro.

¿Debemos hablar también nosotros en alemán?

Si la mayor parte de las familias no hablan alemán en casa es porque esta lengua no es la suya materna. En la actualidad, tanto los científicos como los médicos hacen la recomendación siguiente: debemos emplear siempre la lengua que mejor sepamos, en la que transmitamos mejor nuestras ideas y pensamientos, sin cortapisas ni limitaciones porque es la nuestra. Ha habido muchos padres que decidieron emplear el alemán en casa para ayudar a sus hijos. La consecuencia fue que así aprendieron de pequeños a hablar cometiendo errores que les resultó imposible eliminar de mayores de tan arraigados como los tenían. Si los padres quieren practicar el alemán en casa, que lo hagan entre ellos, pero es mejor que no lo hagan con el niño. Si lo hacen, el pequeño aprenderá de ellos muchos errores.

En el apartado dedicado a los «juegos» se dan muchas sugerencias para que aprendan bien.

Resumiendo

Al jugar con sus compañeros de la misma edad, los pequeños aprenden muy bien las principales expresiones de sus juegos, pero algunas de ellas no son más que palabras inconexas, sin ninguna relación entre ellas. La manera de hacer una pregunta o construir una frase solamente la pueden aprender con niños de más de 10 años o con adultos, por ejemplo al leerles cuentos en voz alta, al conversar y jugando con ellos. Las guarderías no siempre pueden prestar este tipo de servicios. A veces, lo consiguen los abuelos, la niñera o la cuidadora. Una hora de juegos es una ocasión buena y divertida de que el niño practique desde muy pequeño. Es preferible que los padres sigan hablando al niño en su lengua, es decir, en el idioma que ellos dominan perfectamente. Es erróneo el consejo: «háblele al niño en alemán para que lo aprenda».

¡Mi hijo responde solamente en alemán! ¿Qué puedo hacer?

Puntos fuertes y posibilidades

George tiene 5 años y habla con acento inglés, con tanto acento inglés que parece que haya nacido en Londres en vez de en Dortmund. En cambio, sabe más palabras en alemán porque se pasa todo el día en la guardería infantil jugando con los amigos. Al hablar, suele construir con bastante corrección las frases inglesas. Por el contrario, las frases subordinadas alemanas no le salen todavía bien, aunque tampoco es que sean tan fáciles.

George tiene puntos fuertes tanto en una lengua como en la otra. Durante su vida, siempre irá cambiando lo que sabe hacer. Si le escuchamos atentamente, nos percatamos de que unas cosas le salen mejor en una lengua y otras en la otra: los chistes son más divertidos en un idioma, o elige mejor las palabras en un idioma que en otro. Sira habla mejor de cocina y recetas en la lengua de su madre, a la que ayuda frecuentemente a hacer la comida.

Como papá explica los animales en francés, Paul sabe distinguir un «âne» (asno, burro) de un «cheval» (caballo), mientras que en alemán a casi todos los cuadrúpedos los llama «perros» (Hunde). Puede que la gramática se haya desarrollado mejor en una lengua que en otra, por ejemplo porque es la lengua escolar.

Los niños pueden ser verdaderos derrochones; pero, en lo que se refiere a la lengua, son muy económicos y ahorradores. No aplican dos tramas como dos diccionarios gordos y pesados. Aprenden lo que les hace falta, lo que necesitan.

A medida que pase el tiempo, la lengua del entorno irá fortaleciéndose, en Alemania, el alemán. Es la lengua escolar, la que se habla con los amigos, es la norma y la que goza del mayor prestigio.

Lengua fuerte y lengua débil

¿Acaso tienen los bilingües una lengua fuerte y otra débil? Casi, pero no del todo: suelen saber algunas cosas mejor en una lengua que en la otra. Cuando su experiencia vital les ha enseñado una cosa principalmente en una de las lenguas, saben hablar sobre ella mejor en esa lengua.

Lo anteriormente dicho también se puede aplicar a la gramática. Al parecer, los niños suelen empezar empleando la forma menos complicada. Si, por ejemplo, las terminaciones de las palabras son mucho más claras en turco que en alemán, Kemal las dominará antes que sus equivalentes alemanas.

Cuando nuestro hijo vaya a la escuela, recibirá en ella muchísimas sugerencias. La gramática la aprenderá especialmente bien –así lo esperamos por lo menos– en la lengua escolar alemana.

Por eso, no se puede decir que tengamos una lengua fuerte y otra débil, sino que tendremos algunos puntos fuertes en una de las lenguas y otros en la otra lengua. Pero, ¿qué hay de los puntos débiles?

Posibilidades, no puntos débiles

Como asegura un antiguo dicho popular, «nunca se acaba de aprender». Lo que sucede es que vamos cambiando. Las cosas que actualmente no dominamos del todo siguen dándonos ocasión de que las acabemos aprendiendo. Las podemos imaginar como si fuesen campos de labor. A veces preparamos la tierra durante nuestra niñez. Sembramos las palabras y las frases. Para poder germinar, las semillas necesitan lluvia y sol, luego puede que tengan que aguardar durante años a que llegue su momento. Éstas son las condiciones climáticas que ya hemos conocido cuando tratábamos al principio de la montaña de la lengua: prestigio, actitud de las personas de nuestro entorno, amistades, viajes, la situación en la vida y el acceso a libros, vídeos y juegos.

Entonces empiezan a crecer las primeras plantitas: los primeros intentos de hablar. Con el tiempo, estas plantitas pueden convertirse en plantas de gran tamaño, pero necesitarán cuidados hasta que llegue ese momento. Hasta el desierto florece cada vez que llueve, aunque hayan transcurrido varios años desde la última precipitación.

Los niños guardan muchas cosas de manera latente en su interior,
hasta que un día las expresan, como las semillas ocultas en la tierra,
que un día germinan y brota una planta maravillosa.

Resumiendo

Las personas que hablan varias lenguas normalmente tienen temas que dominan
más en un idioma que en los demás. Hay asuntos que saben mejor o aprenden
antes en una lengua, mientras que otros los saben mejor en las demás lenguas.
A lo largo de la vida, puede que la persona cambie la lengua que domina mejor,
por ejemplo al irse a vivir a otro país.

Las personas bilingües que hablan y las que no

Hay personas que hablan con fluidez en dos o más lenguas y en cambio otras no son capaces de emitir ninguna palabra en la lengua no oficial. Responden solamente en alemán y parece que no entienden cuando se les habla en la lengua familiar. En estos casos, los padres se sienten culpables y albergan un sentimiento de fracaso. «Nos molesta que el niño solamente conteste en la lengua oficial en el entorno exterior y que se niegue a hablar en nuestra lengua, nos sentimos decepcionados, dolidos, agotados. Nos viene a la mente el pensamiento: ¿Por qué continuar?» ¡No nos resignemos! Sigamos hablando en nuestra lengua. Nuestro hijo o hija aprenden más de lo que dejan traslucir.

Con cierta frecuencia percibiremos rayos de esperanza. ¿No será que nuestro pequeño Jean ha entendido? Sin que apenas se le note, Ayşe va a buscar el té que ha pedido la abuela. O sea, que por lo menos sí entienden algo. Pero, ¿por qué no contestan nunca?

Lo que al parecer sucede es lo siguiente: aunque entiendan una lengua, no tienen por qué hablarla. Pero, ¿acaso no son bilingües estos niños? Pues sí, responden los lingüistas. Hay que distinguir dos grupos:

Plurilingües que hablan y escriben

Son los que producen algo: sonidos, palabras, frases, y puede que hasta escriban cartas. Por eso se les llama «plurilingües productivos». Se expresan en todas las lenguas que saben. Eso les sirve para obtener respuestas, jugar, entretenerse, escuchan elogios y su evolución va en ascenso. Los demás pueden percibir las lenguas que conocen.

Plurilingües que comprenden pero no responden

Asumir quiere decir ser receptivos, y por eso se les llama «plurilingües receptivos». También participan en las conversaciones pero no hablan. Salta a la vista que John entiende lo que se le dice y responde adecuadamente a las preguntas que se le hacen, pero solamente en inglés. Mamá se ve obligada a ejercer de intérprete. Gina se empeña en callar y no dice absolutamente nada. Da la impresión de que no toma parte en la conversación, quizá esté soñando. Nasi no presta atención y juega, pero hace muy poco tiempo le dio a papá el agua cuando éste se la pidió en turco.

Si un niño no responde con palabras, quizá lo haga con el cuerpo, como Nasi y Ayşe. Es de extremada importancia observar si así ocurre y no ser parcos en elogiar su respuesta. Como no toman parte con palabras en las conversaciones bilingües, no llaman la atención sus aptitudes lingüísticas. Nadie las nota ni las elogia. No obtienen eco alguno, porque no emiten ningún sonido. De ahí la importancia de elogiar a los niños cuando dan una respuesta, aunque sea sin palabras[23].

Aslında kızım, Türkçe'nin günlük yaşamda egemen olduğu Almanca'dan farklı bir şey olduğunun bilincinde ve sanıyorum bu farktan ötürü, Türkçe'ye zaman zaman mesafe koyuyor. Ben Türkçe konuşurken kendisi çok rahat anlıyor ancak konuşmamakta direniyor. Ben şahsen, onun bu tavrının çocukluk dönemine özgü geçici bir reaksiyon olduğuna inanıyorum. Biraz erişkin çağa geldiğinde, olgunlaştığında, iki dilli olmanın ayrıcalığını gördüğünde, körpe yaşlarda aldığı Türkçe birikimin meyvesini toplayacağını düşünüyorum. Ben kızım Suna ile, doğduğu

Mi hija ya se ha dado cuenta de que el turco es distinto del alemán que habla bien en la vida diaria y creo que, por esta razón, se mantiene a cierta distancia de la lengua turca. Cuando hablo en turco me entiende sin dificultades pero insiste en no hablarlo. Personalmente creo que esa actitud es típica de la niñez y pasará con ella. Creo que cuando se acerque a la edad adulta y madure, cuando se dé cuenta de los privilegios que trae consigo ser bilingüe, cosechará los frutos que le proporcionarán los conocimientos de la lengua turca adquiridos en su niñez. Con mi hija Suna hablo exclusivamente en turco desde su nacimiento. Me di cuenta de que mi

günden beri sadece Türkçe konuşuyorum. Babasını bir başka ortamda Almanca konuşurken gördüğünde sıkça yadırgadığını, buna kendince yorum getirmeye çalıştığını sezinledim. Kızım, benim Türkçe konuşmama, sürekli Almanca karşılık verir. Bazen bu iki kanallı iletişim dakikalarca sürer ve hiçbir aksama olmaz. Değişik bir yol olduğu muhakkak. Çünkü, bazen Alman veya diğer ulustan, belki bugüne kadar iki dilli eğitimle pek haşır neşir olmamış insanlar, bu diyaloğa tanık olduklarında merak edip soruyorlar. »Siz Türkçe konuşuyorsunuz, o Almanca? Nasıl oluyor bu?« diye iletişimin sırrını bilmek istiyorlar. Ben de: »Oluyor işte. Tıpkı böyle ... Gördüğünüz gibi.« diyorum. Gerçekten istenirse oluyor.

comportamiento le parecía a ella, a veces, algo fuera de lo normal y que trataba de interpretarlo por su cuenta cuando le oía hablar a su padre en alemán de otros asuntos. Mi hija me contesta siempre en alemán. Hay veces que este tipo de intermediación o comunicación en dos canales y direcciones llega a durar varios minutos y no se produce ningún atasco. Sin duda alguna, se trata de un procedimiento fuera de lo corriente. A veces, tanto alemanes como personas de otras nacionalidades que no conocen nada de la educación bilingüe me preguntan por curiosidad cuando son testigos de nuestra conversación: «Usted habla en turco y ella en alemán. ¿Cómo se las arreglan?». Quieren enterarse del secreto de nuestra manera de entendernos. Les digo: «Pues nos arreglamos bien. Tal como lo pueden ver. Si uno quiere, siempre es posible arreglárselas».

Mehmet y Suna,
su hija de 12 años, Langen[24]

A los padres les resulta difícil reconocer el «plurilingüismo receptivo» A veces se sienten defraudados y renuncian a la comunicación en ambas lenguas. Entonces, los niños lo olvidarán todo rápidamente y les resultará muy difícil volver a conectar con los conocimientos anteriores cuando posteriormente deseen aprovechar lo que aprendieron de niños.

¿Pueden pasar los niños de bilingües receptivos a productivos?

¡Sí! Siempre se puede. Mi amiga Paola acaba de tener la suerte de que le ocurra esa agradable experiencia. Durante años se había sentido defraudada porque sus hijos no hacían uso de la lengua que les había procurado transmitir. Paola es periodista y trabaja en la radio y en un semanario. Se mudó de Roma a Frankfurt y tiene dos hijos, Lara (9 años) y Matteo (10 años). Por lo general, es ella la que está tras el micrófono y hace las entrevistas. Esta vez soy yo quien la interroga.

Generalmente mio marito parla tedesco con me e con i bambini, io parlo italiano con loro e, prima delle vacanze, loro mi rispondevano sempre in tedesco. Queste vacanze sono state molto importanti perché per la prima volta i bambini sono andati in Italia senza di me, sono stati dai miei genitori, al mare, e hanno conosciuto un sacco di bambini italiani. Hanno parlato moltissimo l'italiano, anche con grande orgoglio. Questa cosa è andata avanti, cosicché adesso, che siamo già tornati da un mese e mezzo, spesso quando parliamo in due parliamo in italiano. Questo è una novità. Prima in casa non parlavano mai l'italiano. Lo parlavano al

Generalmente, mi marido habla en alemán conmigo y con los niños, mientras que yo hablo con ellos en italiano. Antes de las vacaciones me respondían siempre en alemán. Estas vacaciones han sido muy importantes porque por primera vez han viajado por Italia sin mí, han estado en casa de mis padres, en la costa y han conocido un montón de niños italianos. Han hablado muchísimo en italiano y estaban muy orgullosos. Esta situación ha ido avanzando de modo que ahora me responden a menudo en italiano, aunque ya ha pasado mes y medio desde nuestra vuelta a Alemania. Esto constituye una novedad. Antes nunca hablábamos en italiano en casa. Lo hablábamos por teléfono con mis padres y mis

telefono con i miei genitori e i miei fratelli e quando eravamo in Italia d'estate. Hanno un nuovo piacere di parlare l'italiano. Sono molto contenta! Adesso Matteo mi dice: »Adesso parlo molto meglio l'italiano, mamma! Vedi, con te adesso parlo l'italiano.« Tutto quello che ho sempre cercato di spiegar loro con scarso successo, almeno così mi sembrava, hanno imparato attraverso questa esperienza estiva. Hanno conosciuto due bambini italiani che fin da piccoli studiavano l'inglese. I loro genitori avevano sempre detto loro che è importante conoscere le lingue. Questi bambini erano molto affascinati dal fatto che Matteo e Lara passassero da una lingua all'altra. Per la prima volta si sono resi conto del fatto che il loro bilinguismo è una cosa eccezionale nel senso positivo. Anche gli altri bambini rimanevano sempre un po' a bocca aperta quando essi usavano il tedesco.

hermanos cuando estábamos en Italia en verano. Experimentan un placer nuevo al hablar en italiano. ¡Estoy muy contenta! El propio Matteo me dice: «¡Ya hablo mucho mejor en italiano, mamá! ¿Ves? Ahora hablo contigo en italiano». Todo lo que he tratado de explicarles con escaso éxito, o por lo menos es lo que me parecía, lo han aprendido por medio de esta experiencia veraniega. Han conocido a dos niños italianos que estudiaban en inglés desde pequeños. Sus padres les habían dicho siempre que es importante conocer diferentes idiomas. Estos niños estaban muy fascinados por el hecho de que Matteo y Lara pasasen de una lengua a la otra. Por primera vez se dieron cuenta del hecho de que su bilingüismo era una cosa excepcional en sentido positivo. También los otros niños se quedaban sorprendidos cuando hablaban en alemán.

Paola, Frankfurt

¿Por qué unos emiten palabras y otros no? Son muchos los motivos que confluyen para dar este resultado. Siempre se trata de las «condiciones atmosféricas» y de los «caminos» existentes en la montaña de la lengua. Paola ya se dio cuenta: Lara y Matteo estuvieron viajando por Italia. Allí el italiano es la lengua normativa, la lengua que goza de mayor prestigio. Se han hecho amigos de sus compañeros de juegos. Los *amici* quedaron impresionados de las aptitudes italoalemanas de ambos y los admiraron. Han jugado en italiano y, de esta forma, han ejercido influencia sobre una realidad que les parece importante: los juegos. Lara y Matteo quieren mucho a sus abuelos; todos los días han pasado mucho tiempo con ellos y con sus amigos hablando, riéndose y gastándose bromas. Seis semanas duró la estancia de Lara y Matteo en Italia. Había llegado la hora de que diese sus frutos lo que había invertido Paola durante años en Alemania.

Podemos ayudar a los niños a que den el salto de receptivos a productivos. Para ello, tenemos que procurar no solamente crear las condiciones favorables, sino también que duren el máximo de tiempo. Los viajes en los que los pequeños se relacionan mucho con otros niños, las amistades o largas visitas de los parientes constituyen las circunstancias externas que traen consigo otros elementos positivos. A veces, se necesitan dos o tres viajes, quizá no se ponga a hablar nuestra hija o nuestro hijo en la segunda lengua hasta llegar a la adolescencia o al comienzo de la edad adulta. Si tenemos paciencia y confianza en nosotros mismos y en nuestros hijos, acabaremos triunfando.

Éxito

Con gran frecuencia leo artículos y estudios científicos en los que se trata de personas «bilingües con éxito». No se refieren a empleados de banca hispanoalemanes que acaban de obtener un aumento de sueldo, ni a una gerente angloturca que ha tenido la suerte de que le hayan concedido un ascenso. No, se trata de niños de 3 o 5 años que dominan dos lenguas con mayor o menor perfección.

No me parece correcto que juzguemos, sopesemos, midamos y clasifiquemos por su éxito o fracaso los conocimientos de estos niños tan a la ligera. No tiene importancia lo que diga ese niño a los 4 años en las dos lenguas que sabe hablar. Le queda toda una vida por delante para cambiar. No podemos observar cuánto queda almacenado en el cerebro; muchas cosas no salen a la luz más que al cabo de decenas de años. A todos los niños no se les puede medir con la misma vara. Nos deja estupefactos, nos quedamos con la boca abierta, cuando vemos lo bien que se expresa Jeanne en alemán e inglés norteamericano.

Ann-Li tiene 6 años, entiende el chino un poco y es capaz de seguir conversaciones sencillas, de las que yo, una adulta, no capto absolutamente nada. No podemos decir que Ann-Li haya tenido peores resultados que Jeanne; bien mirado puede que sus resultados sean incluso mejores que los de Jeanne. Jeanne ha gozado siempre de la admiración de los demás por saber hablar en inglés, sus padres hallaron la manera de que formase parte de grupos de niños y mantuviese relaciones con personas de lengua inglesa. Conseguir crear circunstancias tan favorables para el chino era y sigue siendo mucho más difícil. El dominio de varios idiomas –el plurilingüismo– está sometido a muchos factores.

Purtroppo mia figlia non parla l'italiano. Noi genitori viviamo separati, lei sta con la madre. La vengo a trovare una volta al mese. Capisce istintivamente, ma non parla. La mamma legge delle favole italiane con lei, lei ascolta cassette, ma ne capisce poco.

Por desgracia, mi hija no habla italiano. Nosotros, sus padres, vivimos separados y ella está siempre con su madre. Me encuentro con ella una vez al mes. El italiano lo entiende instintivamente, pero no lo habla. Su madre le lee cuentos italianos, ella misma escucha casetes, pero comprende poco su contenido.

El padre italiano de una hija de 2 años

Es digna de admiración la manera en que colaboran ambos progenitores, a pesar de la separación. Están invirtiendo su esfuerzo para que la niña vaya aprendiendo el italiano, de forma que en el futuro esta inversión dé sus frutos en forma de un bilingüismo satisfactorio para todos.

Si solamente me fijo en las palabras y frases que dice el niño, solamente me limito a contemplar una parte demasiado pequeña del conjunto. Éxito sí, pero «*su*» éxito. Sus resultados no se pueden comparar con los obtenidos por el niño del vecino o con los de una amiga, sino solamente con lo que «*uno mismo*» ha conseguido.

Resumiendo

Hay niños plurilingües que hablan como torrentes en todas las lenguas que saben; están produciendo constantemente una riada de palabras y se consideran «productivos» con toda la razón. En cambio, otros lo aceptan todo, pero quizá solamente se expresen en una sola lengua. Se los llama «receptivos», porque «reciben». Por el mero hecho de que no digan nada no debe pensarse, ni mucho menos, que no llegarán a dominar la segunda lengua. Lo que pasa es que no nos lo demuestran. Muchas veces, transcurre mucho tiempo hasta que salen sus conocimientos de la segunda lengua a la luz del día. ¡El bilingüismo produce muchas sorpresas agradables!

«No muestro todo lo que sé»

«¡Ya sé que sabe! Pero, ¿por qué no habla?» Los lingüistas todavía no han conseguido hallar una respuesta al motivo de que los niños no quieran hablar; pero han meditado sobre los fundamentos teóricos de esta negativa. La idea que sirve de base es la siguiente: una cuestión es si el pequeño John conoce y sabe la lengua. Otra cuestión es si la ejecuta, por poner un ejemplo, si responde a la petición o va a buscar el panecillo. Si el pequeño John no va a buscar el panecillo, ¿es que no ha entendido la pregunta? No lo sabemos y no podemos averiguarlo. Los conceptos implicados son los de aptitud y actuación, competencia y realización, o sea, saber y hacer[25].

Con un poco de suerte, podemos observar las diferencias entre lo que saben y lo que hacen los niños que saben varias lenguas.

Estaba tan cansada que ya estaba decidida a dejar de seguir esforzándome. María nunca me había respondido en castellano, no reaccionaba ante mis peticiones. Se quedaba callada por respuesta cuando le pedía o le preguntaba algo. Había creído que no quería ni sabía nada. Luego pasamos las vacaciones de verano en México. Toda mi familia estuvo con nosotros y dejé a María en casa de la tía con ella y sus primas. Al volver aquella noche a casa, me quedé estupefacta cuando me dijeron ¡lo bien que mi hija hablaba español!

Carmen, Basilea

No podemos observar directamente hasta dónde llega el conocimiento de una lengua. Lo único que podemos hacer es deducirlo de la forma de hablar o de las explicaciones de la propia persona. Si, por ejemplo, John nos acaba viniendo con el panecillo, suponemos que nos ha entendido. Claro que también podría haber ocurrido que de repente hubiera sentido hambre y, sin tener nada que ver con lo que le hubiéramos dicho, se hubiese ido a buscar algo para comer. Es decir, siempre existirá un factor de inseguridad.

Más emocionante es, si cabe, la relación en el segundo caso. La madre de María deduce por el comportamiento de su hija con ella que la pequeña no sabe nada de español. Ahora bien, cuando no se ha realizado ninguna actuación, no podemos deducir que el niño no sabe nada, porque quizá sí que sepa. Puede que la forma gramatical haya llegado a una madurez tal que esté casi a punto de ponerla en práctica, la palabra ya está almacenada, no quedan más que unos pocos milímetros para ejecutarla. O bien los medios lingüísticos están ya listos, pero los hablantes no los emplean todavía para no cometer ninguna falta, porque no se atreven o porque es más cómodo no correr ningún riesgo. Quizá hayamos tenido nosotros mismos la ocasión de tener esa misma sensación. Tenemos una palabra «en la punta de la lengua», está lista en el plano de la aptitud, de la competencia, pero todavía no ha llegado el momento de decirla. En estos casos, suele bastar un empujón, una ocasión favorable, para que salga a la luz lo que teníamos preparado internamente. ¡Un viaje, una visita, son ocasiones muy oportunas para superar de un salto los últimos milímetros!

Resumiendo

Una cosa es lo que sabemos sobre la manera en que está construida la lengua, cómo tenemos que componer las frases correctamente y otras cosas por el estilo. Esos conocimientos constituyen nuestra aptitud, nuestra competencia.

Otra cosa son los conocimientos que mostramos, demostramos y ponemos en práctica. A eso se le llama actuación, ejecución. El hecho de que una persona no diga nada no quiere decir, ni mucho menos, que no sepa nada, que no disponga de los conocimientos necesarios. Quizá tenga «las palabras en la punta de la lengua».

¿Qué debemos hacer ante el rechazo de la segunda lengua?

Haga lo que haga, Pina me responde solamente en alemán. ¿Qué puedo hacer para cambiar su actitud?

Una madre en un seminario
de la Universidad de Maguncia

Estoy muy interesada en las lenguas extranjeras y, además del turco, hablo inglés, italiano y español, y tengo conocimientos básicos de árabe y persa.

Se me hace muy cuesta arriba aceptar el hecho de que nuestra hija se niegue a hablar en turco. Mientras iba a la escuela de enseñanza primaria, asistía de bastante mala gana a las clases en lengua materna y, como me aseguró la maestra, los niños más testarudos preferían hablar y hablaban con mayor frecuencia en alemán que en turco y nuestra hija, desde luego, tenía la misma actitud. Ahora está asistiendo al instituto de segunda enseñanza superior, en el que no se dan clases en la lengua materna. De todas formas, Suna sabe turco bastante bien y se entiende muy bien con nuestros parientes turcos durante las vacaciones que pasamos anualmente en Turquía. Sin embargo, hasta en Turquía habla en turco solamente cuando no le queda más remedio. Aunque entender, entiende muchas cosas.

> Yo hablo con ella en alemán y mi marido en turco, pero ella responde sistemáticamente en alemán. Preferiría que respondiese en turco porque la verdad es que lo habla muy bien. Pero se niega a hablarlo.
>
> Ute, Langen

> No sé si me gusta algo saber turco. Me pone nerviosa tener que hablar en turco. No sé hablarlo bien. Por eso tengo miedo de cometer errores.
>
> Suna, 12 años

Durante el último acto que organicé con padres de familia, pregunté a los allí reunidos si alguno de los presentes conocía esta situación. ¡Muchísimos fueron los padres que levantaron sus manos! Salvo las familias que tenían hijos todavía muy pequeños, la mayoría de los padres y madres conocían de sobra la situación.

A todos les había afectado fuertemente. Estaban tristes y enfadados, agotados y desmoralizados tras haber hecho innumerables intentos, en vista de que sus hijos se comportaban de una forma que les afectaba y dolía mucho, porque se sentían rechazados ellos mismos. Parecía que su lengua y su cultura no les decían nada a sus hijos e hijas. Normas ajenas a ellos resultaban ser repentinamente el rasero por el que se medían todas las cosas.

Pero, ¡alto! ¿Entendemos a nuestros hijos?

¿Qué es lo que nos quieren decir Pina y Suna?

Nos enseñan todos los conocimientos que han reunido acerca de la lengua y con qué precisión los aplican:

- Han observado exactamente que sus padres saben alemán y hasta qué punto lo dominan.
- Se han dado cuenta de que la lengua es un instrumento. Nos puede servir para mostrar nuestra pertenencia, para dejar de lado a alguna persona y para retirarnos de un grupo.

- Lo que hacen nuestros hijos es poner en práctica los resultados de sus observaciones. Emplean el instrumento con plena conciencia.
- Con la misma certeza de un sociólogo han observado que el alemán constituye la norma. Para demostrar su «normalidad», hablan de acuerdo con la norma.
- Al igual que una buena psicóloga, se han percatado de lo importante que nos resultan sus respuestas. Por eso, aciertan a darnos en lo más íntimo de nuestro ser.

¿No es impresionante lo bien que han comprendido la situación Pina y Suna y la manera en que hacen uso de los conocimientos resultantes de dicha comprensión? Y eso que no tienen más que 12 años.

Una madre asistente a aquel grupo de trabajo estaba muy triste y se sentía rechazada ella misma por sus hijas. Cuando descubrimos la cantidad de conocimientos que tenía su hija acerca de los problemas de la comunicación, se le iluminó la cara.

¿Cómo podemos comportarnos?

Es evidente que no hay dos situaciones iguales. Sin embargo, suele haber dos puntos de vista decisivos. En primer lugar, merece la pena quitarle tensiones a la situación existente para hallar escapatorias que eviten el encono entre padres e hijos, de tal modo que la convivencia vuelva a ser amable en el interior de la familia. Muchas cosas podemos mirarlas desde la perspectiva de nuestros hijos.

No organicemos una batalla campal

Puede acabar siendo una guerra de trincheras en la que ninguna de las partes ceda ni un centímetro. En estas guerras de posiciones pierden las dos partes en lucha; por eso, lo que tenemos que hacer es no dejarnos provocar, no aceptar el desafío. Debemos mantener libre el camino que nos conduce a la montaña de las dos cumbres.

Nuestra perspectiva no es la suya

Con cierta frecuencia, nuestros hijos son las únicas personas con las que podemos usar nuestra lengua. Por eso nos duele mucho que ya no quieran desempeñar ese papel. Comprendo muy bien ese sentimiento de pérdida, pero no olvidemos que es nuestra perspectiva, no la suya. No podemos mantenerlos atados a nosotros.

Afirmación de la personalidad

El crecimiento de nuestros hijos trae inevitablemente consigo que su personalidad evolucione y quieran diferenciarse de sus padres. Esto nos duele y nuestros nervios sufren por ello, pero esa evolución es necesaria. A menudo sucede que los niños y los jóvenes quieren diferenciarse de sus padres precisamente por su forma de hablar. Si logramos mantener separados ambos aspectos es que somos unos verdaderos maestros. «¿Quieres distinguirte de mí? Está bien, hazlo, es necesario que tengas tu propia personalidad, y hazlo en la lengua que quieras. Otra cosa son las riquezas que te esperan en esta lengua, prescindiendo del hecho de que sea precisamente la lengua en la que yo hablo.»

Suele ocurrir que en esta época del desarrollo resulta especialmente difícil hablar con nuestros hijos, por eso raras veces sabemos lo que está sucediendo en su interior. Quizá resulte más fácil averiguar ejemplos equivalentes de adultos que todavía se acuerdan de aquel período, como en el caso de Anna. Anna tiene 39 años y es madre. En su niñez se crió en italiano y alemán:

Mi madre era italiana y mi padre alemán. Mi madre hablaba conmigo solamente en italiano y mi padre en alemán. Entre los 5 y los 6 años, aproximadamente, dejé de querer que mi madre me hablase en italiano en público. En casa me daba igual, pero en los establecimientos comerciales, en la calle o en el autobús, quería que me hablase en alemán.

Le decía: «¡Habla en alemán!». Todavía me lo sigue reprochando. Pero ella siguió hablando en italiano y se sentía muy afectada, se lo tomaba como si la rechazase a ella como persona. Se sentía triste, ofendida, defraudada. «Déjame utilizar mi lengua, a fin de cuentas, yo soy italiana.» Me sentía distinta cuando mi madre me hablaba en italiano. Hoy en día creo que me parecía una rareza no ser alemana. Lo que yo quería era ser como todas las demás.

Mi madre hablaba en italiano. Yo respondía en alemán. Poco a poco, la actitud de nosotras dos fue endureciéndose. La verdad es que al cabo de tanto tiempo sigo hablando en alemán con ella, aunque sé hablar, leer y escribir con soltura en italiano.

Ahora me doy cuenta de la gran suerte que tuve de poder criarme en dos lenguas y me alegro mucho de ello. Creo que si durante cierto tiempo ella hubiera cedido y respetado mi deseo de hablar en alemán en ciertas circunstancias, yo misma no habría quedado tan bloqueada. No se habría producido tal endurecimiento. Llegó un momento en que se produjo una lucha en la que ninguna de las dos quería dar su brazo a torcer. Es la lucha típica entre madre e hija, a ver quién manda. Mi madre no se puso a reflexionar sobre cuáles podrían ser los motivos que yo tenía. Se lo tomó muy a pecho, de manera exclusivamente emotiva o apasionada.

Si mi madre se hubiera contenido un poco en las situaciones en que ambas hablábamos en público, la desavenencia no hubiera ido a más. Si sus reacciones contra mí no hubieran sido tan apasionadas y hubiera reflexionado más sobre los motivos que yo podía tener para no querer hablar a veces en italiano, si les hubiera dado una forma distinta a las situaciones, el mecanismo no se habría gripado, encasquillado, ni habría surgido la lucha por ver quién se salía con la suya.

La lengua era precisamente uno de los aspectos en que yo quería distanciarme de mi madre. Sencillamente, negándome a hablar en esa lengua con ella.

Anna, 39 años

Lo más hermoso de este informe es que actualmente Anna no solamente habla muy bien en italiano, sino que también le gusta hablarlo, ha transmitido esa lengua a su hija. La hija de Anna asiste a una escuela elemental italoalemana, y para lograrlo toda la familia se ha mudado de residencia. Con el tiempo, Anna ha desarrollado fuertes vínculos con la lengua italiana.

¡Pero los niños deben aprender la lengua!

¡De acuerdo! Por eso mantenemos lejos todas las vibraciones molestas.

¿Qué debo hacer, las maletas?

Éste es el mejor momento para hacer un viaje de vacaciones al país de la lengua rechazada o para invitar a que nos visiten durante largo tiempo amigos y parientes que solamente sepan esa lengua. La curiosidad es un motor muy potente para aplicar los propios conocimientos y superarse a sí mismo.

Nada de tirar la toalla

Nunca, jamás. Sigamos empleando nuestra lengua, que el camino siga abierto. Cuanto más tiempo sigamos, mejor. El tiempo trabaja a nuestro favor. Todos vamos cambiando y sobre todo los que están en la edad de crecimiento.

Un chico joven de una familia turca animaba así a una madre que estaba muy triste:

> Todo eso irá llegando, créame. Mi hermana no quería ni siquiera oír una palabra en turco y ahora que tiene 20 años solamente escucha música rock en turco, habla en turco y todo lo hace en turco. Lo mismo le pasará a su hija.

A buscar tesoros

Con gran frecuencia, nuestros jóvenes piratas no tienen ni idea de las aventuras y descubrimientos que tienen ante sí. Sin metas atrayentes, es difícil entusiasmarse por una lengua. A nosotros nos pasa exactamente lo mismo. Vayamos a buscar el tesoro. Los tesoros para adultos no sirven de gran cosa; lo mismo que le pasa a nuestro pequeño, al que le parece mucho más interesante un juguete que una corbata de seda, las futuras oportunidades profesionales le parecen menos fascinantes que algo tan importante aquí y ahora como la película más reciente o su deporte favorito. Por eso tenemos que exprimir la imaginación cuando tratemos con chicos entre los 10 y los 20 años.

¿Qué es lo que a los chicos les parece verdaderamente súper? ¿Qué es lo que más desean en su fuero interno, aunque se lo hayamos prohibido hasta ahora o se lo hayamos racionado rígidamente? ¿Los juegos de ordenador? Está bien; pero en nuestra lengua. ¿Navegar en Internet? Te voy a enseñar unos cuantos sitios franceses en la web. ¿Conciertos de rock? Tráete a un amigo, vamos a ir a ver a Gianna Nannini. Si logramos que su mejor amigo venga también a estas actividades, habremos conquistado a un aliado imposible de derrotar. Todas las actividades son apropiadas con tal de que sean divertidas y tengan algo que ver con la cultura:

- Exposiciones
  - Amigos por correspondencia
  - Juegos por ordenador
    - Tebeos
- Ir a comer
  - Fiestas y celebraciones
  - Películas en lengua original
    - Aficiones
- Internet
    - Amigos y amigas
  - Conciertos
    - Música pop
- Libros
  - Religión
  - Deportes
    - Cotilleo
- Chistes
  - Suscripción a revistas

Si desea más detalles acerca de los tesoros escondidos, consulte las secciones «Animar al cambio», «Por arte de magia» y «Modelos».

Hay que dejar de lado las situaciones que provocan peleas

¿Condescender y hablar en alemán?

Es difícil dar un consejo que resulte útil en todas las situaciones; parecería demasiado fácil. Después de haber leído lo que nos contó Anna, nos podemos hacer una idea de lo que a veces sienten los niños. A ella le resultaba desagradable, y nosotros mismos, los adultos, sentimos que existe cierto umbral que nos inhibe. Por otro lado, no debemos olvidar que es de importancia primordial transmitir la lengua también, y sobre todo, en público: «Puedes estar orgullosa. Mira, yo también lo estoy». Y eso se logra solamente si empleamos nuestra lengua y no la escondemos.

La primera aproximación podría consistir en que ambas partes muestren sus sentimientos. Hasta ahora siempre he aconsejado que se siga empleando la propia lengua en público, pero me ha gustado mucho la idea que nos ha dado Anna, la de permitir las excepciones en los momentos especialmente difíciles. Conozco a una serie de padres que han actuado de esta forma y al final todos han salido ganando.

Hasta que fue a la guardería, a Jane no se le había ocurrido que los demás niños no hablasen con sus madres en inglés. De repente, vi que no quería ni oír hablar en inglés cuando la iba a buscar a la guardería, si le hablaba en inglés armaba un escándalo de aquí te espero. Pero, en cuanto atravesábamos la puerta de casa, me dejaba hablar como de costumbre. Al principio, seguí los deseos de Jane y hablaba poco, pero en alemán. Poco a poco, sus amigas le empezaron a preguntar: «¿Cómo se dice tal o cual cosa en inglés?». Entonces, mi hija se dio cuenta de que sabía una cosa que causaba una impresión enorme. Aproveché la oportunidad y empecé a emplear poco a poco más palabras y frases inglesas cuando la iba a buscar. Ahora ya hablamos otra vez siempre en inglés.

Kate, Basilea

Lo que yo propongo es que madre, hijas, padre, hijos hagan pruebas y luego hablen sobre cómo se sentían.

Adelantar a la discordia por la izquierda

Esta táctica no es tan radical como la de cambiar al alemán y da buenos resultados en público, en los establecimientos comerciales y con los amigos. No nos dirigimos directamente al hijo y la hija, porque en tal caso no quedaría más remedio que decidirse por una de las lenguas, la mía o el alemán. No, lo que haremos será dejar el elemento discordante a la izquierda y dirigirnos al amigo o a la vendedora y a nuestro hijo a la vez preguntándoles: «¿Qué zapatos elegimos?» o «Venid los dos, nos vamos a la zona de juegos». Entonces, la lengua mayoritaria, el alemán, es necesariamente la única adecuada.

Esta forma de hablar puede ayudar a todos los padres que quieran abandonar el campo de batalla sin perder la dignidad. Así abrimos una tercera vía entre todo o nada. No es que tiremos la toalla, lo que hacemos es dejar un margen de maniobra. Ambas partes, padres y niños, pueden dar un paso para acercarse algo más, sin que nadie tenga la sensación de haber sido derrotado.

Cuando haya pasado cierto tiempo y la situación se haya relajado, podremos volver a hablarle directamente en nuestra lengua a nuestro hijo o a nuestra hija aunque estemos en público.

No hay que desanimarse

Si seguimos insistiendo y no nos desanimamos, lo más probable es que nuestros hijos acaben por estar muy contentos de dominar dos idiomas. Y, claro, nosotros también.

Resumiendo

Son muchos los padres que han tenido que pasar por ello: «Mi hija, mi hijo, responde solamente en alemán. ¡Rechaza mi idioma materno!». A menudo, pasamos por alto que estos chicos y chicas adolescentes demuestran poseer conocimientos muy exactos sobre la lengua. Para empezar, esto es ya un aspecto positivo en esta difícil situación.

Quiero animar a todos a que no desistan nunca y sigan hablando en su propia lengua. Merece la pena evitar las peleas y dejar de lado las situaciones que inciten a las discusiones violentas. Pero, sobre todo, vayan a buscar tesoros.

¿Qué efecto tiene la guardería infantil?

Ventajas e inconvenientes

Desde que Mara va a la guardería infantil habla mucho más alemán. Me parece muy bien, pero apenas avanza en rumano. Tengo miedo de que pueda querer dejar de hablarlo.

Un padre en un acto celebrado en Colonia

Cada vez con mayor frecuencia los pequeños se dirigen a nosotros en la lengua circundante, y cada día aumenta más el distanciamiento con respecto a la otra lengua. ¿A qué se debe esta actitud? Puede que estén produciéndose cambios de importancia decisiva. Paul va a la guardería infantil, su mejor amiga solamente sabe una lengua. Se hacen nuevas amistades, otras se deshacen, empieza un nuevo capítulo de su vida. Eso es lo que sucede con la lengua: jugar, charlar, aprender, pelearse, todo se hace siempre con palabras. Repentinamente, los mayorcitos perciben la presión de la lengua circundante, de la norma oficial, con mayor fuerza. Todo esto ejerce influencia sobre el empleo de ambas lenguas.

Quizá notemos lo mismo tras el primer día de escuela.

Mirar la situación de manera positiva

El niño recibe tantos impulsos, tantas sugerencias, que puede desarrollar una lengua enormemente. Se encuentra con nuevas estructuras: formas, tiempos, palabras, conceptos e ideas. Aprende a contar cuentos, a hablar de cosas que no ve, a sumar y a restar, el pasado y el futuro, a salirse con la suya, a ganar y a perder.

Muchas de estas cosas las puede trasladar también a la segunda lengua. En cuanto Mara aprenda a salirse con la suya en alemán, pronto sabrá hacerlo también en rumano, lo mismo que contar cuentos o sumar.

A los padres les resulta difícil

Resulta que ahora Mara, Jean y Paul solamente quieren hablar en la lengua que predomina en su entorno. Con pena constatamos que no hay día en el que al parecer no pierdan un poco de la otra lengua que también saben. Cada vez es mayor el desconsuelo que se apodera de los padres. ¿Todo resultó ser inútil?

¡No! Hemos echado los cimientos que seguirán en su sitio, aunque no percibamos ningún efecto. Si Jean no emplea ya el francés, eso no quiere decir que se le haya olvidado del todo. Jean sigue sabiendo francés. Aunque es evidente que si no lo emplea durante mucho tiempo acabará por olvidarlo.

Cómo se hace frente a la situación

Nosotros hacemos lo mismo que le ha ocurrido al niño en la guardería infantil: le facilitamos nuevos amigos y nuevas experiencias. Unos cuantos meses después del primer día de guardería es el momento más apropiado para hacer un viaje enriquecedor o para recibir una larga visita de nuestros parientes. Un grupo de juegos rumano o una reunión con amigos rumanos le hacen ver a Mara lo divertido que resulta saber varios idiomas. Para conseguir tal resultado suele ser preferible que los amigos sean adultos porque muchos niños hablan entre ellos en la lengua oficial. Cuando se haya llegado a esta situación, el relato que se le cuente antes de dormir, el hecho de jugar juntos durante mucho tiempo, escuchar lo que diga y hablar ambos en rumano se convierten en actividades de gran peso e importancia. A los padres les recomiendo que dediquen mucho tiempo y paciencia a estas experiencias. Merece la pena. Lo que pasa es que con cierta frecuencia se tarda algún tiempo hasta que podemos notar los resultados.

Resumiendo

La asistencia a la guardería es el origen de que nuestros hijos reciban una gran variedad de nuevas impresiones, casi siempre en alemán, en la lengua oficial. Eso está bien, porque así descubren una parte del mundo y aprenden alemán. Por otro lado, la lengua materna queda un poco en la sombra, retrocede a un segundo plano.

Para contrarrestar ese retroceso, durante ese período debemos arreglárnoslas para que el niño experimente sensaciones especialmente agradables y hermosas como, por ejemplo, un largo viaje, visitas de parientes o buscarle un grupo en el que obtengamos apoyo tanto nosotros como nuestro idioma.

¿Los niños que hablan la misma lengua deben ir al mismo grupo?

Lo primero que le dicen muchos padres a la educadora es que quieren que en la guardería su hijo hable sólo alemán. En casa se habla la lengua materna y es necesario que la niña aprenda alemán en la guardería lo antes posible. La idea es fácil de entender, pero, sin embargo, veamos qué pasa en el caso de Mercedes.

Mercedes tiene 3 años y va a la clase de las «ranas» en la guardería que hay a la vuelta de la esquina. No entiende nada ni a nadie. Al principio, se le hace muy duro. Luego aprende a entender a los demás. A partir de ese momento, recibe muchas sugerencias y estímulos en esa nueva lengua: el alemán. Habla de colores, formas, juegos. En cambio, el portugués se queda parado, sigue usándose solamente en las conversaciones familiares en casa. Poco tiempo después, Mercedes preferirá hablar en alemán con sus padres para ser igual que los demás.

¡Cuánto mejor habría sido que Mercedes hubiera estado en el mismo grupo de la guardería con las otras dos niñas portuguesas! Le habría resultado mucho más fácil adaptarse al nuevo ambiente cuando llegó a la guardería. Luego las niñas podrían haber jugado entre ellas en portugués cuando estuvieran juntas y en alemán con los demás niños. Las dos lenguas se habrían ido desarrollando bien. Las dos ruedas de la bicicleta del ejemplo habrían girado bien.

Por todas estas razones, las guarderías infantiles progresistas se ofrecen a atender juntos a los niños con la misma lengua materna. A veces se consigue disponer de una educadora o practicante que sepa esa lengua. Los niños y las niñas hablan alemán en el grupo y, además, tienen ocasión de hablar en su primera lengua. Todos le sacan provecho a la situación, los niños, las educadoras y los padres. El desarrollo da mejores resultados en ambos idiomas hasta el extremo de que una lengua ayuda a la otra, por decirlo de alguna manera. Los niños y las niñas pueden aplicar al alemán lo que ya sabían en su propia lengua. Si solamente hablan en alemán, la lengua materna quedará «en barbecho», abandonada.

Las conversaciones sobre culturas son más fáciles y provechosas cuando en el grupo están representadas dos o tres nacionalidades y no diez o más todavía. Hasta los niños de 3 y 4 años hablan de diferentes culturas y lenguas. A esa edad es cuando empiezan a entender lo que significan los términos cultura y nacionalidad.

¡Nils está deseando volver a juntarse con Alessio! Este mediodía les he estado escuchando a los dos en la puerta y apenas pude contener una sonrisa. Nils le estaba diciendo a Hendrik, dándose importancia con su tono de voz: «Mira Hendrik, en Italia los italianos hablan en italiano. Alessio también sabe italiano». La verdad es que Hendrik recibió la novedad diciendo apenas de una manera aburrida «¿taliano?»

Bárbara, Nils (3 años) y Hendrik (1 año y medio), Frankfurt

Pero sin aislarlos

Hay un aspecto al que todos debemos prestar una gran atención: si Mercedes habla solamente en portugués en el grupo, es necesario efectuar algún cambio. La idea de los grupos separados por lenguas da excelentes resultados siempre y cuando todos hablen con todos y no se formen grupitos aislados. Mercedes y sus amigas deben tener su sitio en el conjunto del grupo sin representar ningún papel que implique la separación del resto de sus compañeros de clase. Las educadoras deben encargarse de que esto no ocurra. Todos los días, deben organizarse juegos en alemán, así como lecturas en voz alta, teatro de marionetas, contar cuentos, lecturas en común, etc. Si hay reglas bien definidas, todo resulta más fácil, por ejemplo: «Al comer y cuando jugamos todos juntos hablamos en alemán, para que todos nos entendamos». Se debe permitir que un niño pregunte en portugués cómo se dice tijeras en alemán o qué es lo que ha dicho la educadora.

Si se forman grupitos cerrados, los padres y las educadoras se desaniman rápidamente. Por eso, en los cursillos de formación, me preguntan si deben volver a separar a los niños. La verdad es que sería una lástima porque los grupos por lenguas dan los mejores resultados. Suelo proponer que se busquen centros de gravedad que resulten comunes, actividades para todos que se efectúen en alemán. La organización de un espacio más amplio destinado a actividades reguladas, como por ejemplo trabajos manuales, en las que se reparta a los niños en las distintas «bandas» o «grupitos cerrados», les proporcionará a estos niños oportunidades de conocer mejor a otros niños y fomentará una actitud más abierta por ambas partes.

Cuando se forman grupos por lenguas es inevitable que los niños que solamente sepan alemán se encuentren con que, a veces, no entiendan nada; en estos casos les vendrá muy bien aprender a soportar estas situaciones. Además, les servirá para que vayan formándose una nueva sensibilidad con respecto a su propia lengua y a las demás. Sería una magnífica oportunidad de que viesen que todos los idiomas tienen el mismo valor y que se puede decir todo en cualquiera de ellos.

Resumiendo

A los padres, los niños y los educadores les gustaría que ocurriese que el niño o la niña se sintiese bien y aprendiese alemán correctamente, además de muchas otras cosas. Por eso, los padres suelen pedir que su hijo hable solamente en alemán y que no esté en un grupo en el que haya otros niños de su propia lengua. Sin embargo, es mucho más sensato reunir en un mismo grupo a los niños con la misma lengua familiar. En estos grupos se puede trabajar con la mirada puesta en metas mucho más precisas, y los niños pueden aprender mejor a utilizar lo que ya saben de casa para aprender cosas nuevas, precisamente porque lo han aprendido antes en otra lengua. Los educadores y los padres deben prestar atención para que nadie quede marginado o aislado.

¿Qué escuela es la más adecuada para nosotros?

«Ahora empieza la vida en serio», hacer las preparaciones para el primer día de escuela, meter los libros en la cartera. ¿Cuándo ocurrirá este solemne momento? ¿Qué pasará luego? ¿Cómo se resuelve el problema del plurilingüismo en las escuelas alemanas?

La escuela vecina

Inglés elemental, francés, italiano, enseñanza en la lengua materna y temas sociales en inglés: ni siquiera en las escuelas alemanas se enseña todo solamente en alemán.

Lengua materna y enseñanza de lenguas extranjeras

Las lenguas inglesa, alemana y unas cuantas más se ofrecen en el plan de estudios de las escuelas alemanas. En algunos se llegan a impartir incluso a partir del primer curso, como en el caso del «inglés elemental». De todas maneras, es muy grande la diferencia existente entre la situación de los niños que no conocen la lengua extranjera en absoluto y la de los que la han estado empleando desde su nacimiento. No todos los profesores poseen las aptitudes necesarias para resolver felizmente esta difícil situación. Con asombrosa frecuencia, los alumnos de lengua inglesa informan de las tensas relaciones que mantienen con el profesor, hasta qué punto las mutuas inseguridades provocan desconfianza e incluso injusticias. Una de las causas reside sin duda en el hecho de que las aptitudes tienen muchas capas. Mientras que la profesora puede que hable con un acento tan fuerte como un martillo y le resulten totalmente desconocidas las frases hechas del inglés, puede aportar mucho en el campo de la gramática y lograr que a sus alumnos les resulte una revelación la belleza de un soneto de Shakespeare. Por otro lado, tanto a ella como a muchos de sus colegas les resulta difícil confesar que una niña inglesa, Mary-Ann, sabe expresarse oralmente mejor y se da cuenta de los errores que la maestra comete en sus explicaciones.

A veces resulta de gran ayuda mantener con gran tacto una conversación sensata que aclare la situación; en otros casos, no queda más remedio que esperar al curso siguiente y confiar en que cambiará la persona del pupitre. He aquí una sugerencia, que podemos proponerle con toda clase de precauciones al profesor: la clase le resultará más sencilla si saca provecho de las aptitudes del alumno o alumna. ¿Que al jugar siempre gana el equipo de John porque sabe inglés estupendamente? A lo mejor se le podría nombrar árbitro. Si Mary-Ann sabe tanto, se le podría preguntar sin darle demasiada importancia: «No me sale la palabra. ¿La sabes tú?». De todas formas, téngase presente que muchos niños no siempre quieren que se les adjudique ningún papel que los destaque de los demás; mientras hay pequeños que se sienten muy orgullosos, los hay a quienes les parece horroroso diferenciarse de los demás. Es preferible hacer pruebas antes. Si después hablamos de cómo nos hemos sentido durante la experiencia realizada, sabremos inmediatamente lo que más nos conviene.

Gramática

Nuestros pequeños pueden aprender la gramática y la escritura en la clase de lengua extranjera. Lo que no les saldrá en clase son conversaciones que traten de cuestiones tales como: ¿cómo me veo como adolescente entre dos o tres culturas? ¿Qué experiencias hemos tenido viviendo en varias lenguas? O bien: ¿qué podemos aprender mutuamente unos de otros?

La enseñanza de lenguas extranjeras es difícil. La mirada viene de fuera, se trata de penetrar y explorar algo extraño, extranjero. Estas clases se ofrecen para enseñar principalmente inglés y francés, y a veces ruso. Hasta los cursos superiores no se ofrecen clases de español, griego moderno e italiano, y raras veces el turco.

La enseñanza en la lengua materna

Según una de las directrices de la Unión Europea, sus estados miembros deben ofrecer a los escolares de otro país perteneciente a la Comunidad la posibilidad de educarse en la lengua de su país de origen. En Alemania, tenemos la enseñanza en lengua materna, a la que también se la llama enseñanza en la lengua del país de origen. Esta enseñanza se imparte en las escuelas oficiales una vez a la semana por la tarde, después de comer; profesores de los países de origen son los encargados de dar las clases. En la mayoría de los casos se reúne a los alumnos de una zona relativamente grande para poder formar una clase lo suficientemente numerosa de italiano, castellano, etc. Para ello tienen que trasladarse a la escuela que les corresponda.

En algunos estados federados, este tipo de enseñanza está sometido a ciertas discusiones; por ejemplo, en Hesse está previsto que se suprima. Es una lástima, pues no deja de ser, a fin de cuentas, la única oferta a la que se tiene acceso. Esta directriz de la Unión Europea debería ser obligatoria; si un estado federado no tiene suficiente dinero, se suprime la enseñanza en la lengua materna de los inmigrantes. Se puede obtener información acerca de la enseñanza en la lengua materna o de origen en las escuelas, en las delegaciones de enseñanza de cada uno de los estados federados y en los consulados, instituciones que aparecen en la guía telefónica.

Como la enseñanza en la lengua materna tiene sus raíces legales en un decreto de la Unión Europea, solamente se aplica a las lenguas europeas; en muchos casos, como por ejemplo el croata, el portugués o el sueco, esta enseñanza es la única existente.

Muchos niños refunfuñan durante el año escolar por tener que soportar una carga adicional; sin embargo, también he oído las entusiastas opiniones de muchos jóvenes que durante esas dos horas semanales han descubierto muchas cosas acerca de ellos mismos y de su propia cultura. Con el tiempo, aprenden a apreciar en su justo valor lo que adquirieron en esas clases semanales.

Biología en español

Durante un año, biología en español, luego otra vez en alemán, el cambio inverso en matemáticas; es decir: «enseñanza de una asignatura en una lengua extranjera». Hay institutos de enseñanza media que ofrecen este tipo de aprendizaje. También existen modelos en los que una de las asignaturas se da siempre en una lengua distinta de la oficial.

A este respecto, resulta interesante observar cómo la lengua «extranjera» se convierte sin más en la lengua normativa y lengua lectiva de uso en la enseñanza. El hecho de que estos jóvenes pasen por esta experiencia, junto con los demás compañeros de clase, les proporciona una perspectiva nueva de la situación. Evidentemente, hay una gran diferencia entre escuchar, por un lado, que todas las lenguas tienen el mismo valor y que todo se puede expresar en cualquier lengua, y por otro lado, tener realmente la ocasión de comprobarlo uno mismo.

Aquí no viene demasiado a cuento tratar sobre el tema de la identidad intercultural, acerca del puesto que uno mismo ocupa en esas culturas y entre ellas. Estas cuestiones las deberá resolver el propio adolescente por sí mismo.

La oferta de clases en otro idioma que no sea el alemán se da en inglés, raras veces en francés. El uso del ruso y del español no deja de ser un caso excepcional, las demás lenguas carecen de oportunidades de este tipo.

Escuelas sabatinas

«Si el Estado no ofrece ninguna oportunidad, seremos nosotros los que tendremos que hacer algo.» Ése fue el punto de arranque de los padres, las asociaciones y, en algunos casos, hasta de las representaciones diplomáticas. Actualmente ofrecen escuelas sabatinas. Buscan profesores, los padres pagan cuotas y de esta manera los niños pueden aprender juntos a escribir, estudiar la historia de su país de origen y, en parte, recibir enseñanza religiosa. Durante cinco días a la semana, los niños asisten a la escuela alemana. Los sábados respiran en la enseñanza de su segunda cultura, organizada en régimen privado.

Por ejemplo, los consulados noruegos ofrecen cursos; en Dusseldorf y Frankfurt están funcionando escuelas sabatinas chinas y rusas, en las cuales los niños aprenden la escritura y mejoran sus conocimientos de las lenguas respectivas. Estos cursos se imparten semanalmente o una vez al mes. También hay escuelas sabatinas destinadas a la enseñanza de lenguas para las que no existe ninguna oferta para niños en Alemania, como el japonés y el coreano.

En las escuelas sabatinas, los niños aprenden algo importante: mi cultura tiene valor. No estoy solo. Mi biculturalismo es algo maravilloso. Vivo en dos culturas, lo que constituye un bien precioso. De esta forma, se refuerza su idiosincrasia, la conciencia de su propio valor. Al hacer cosas en común, se apoyan mutuamente a la hora de aprender a manejarse en las dos o tres culturas y lenguas. Si queremos saber cuáles son las ofertas existentes cerca de nuestro hogar, podremos enterarnos a través de nuestro consulado o en conversaciones con otros padres en la misma situación.

Muchas de las escuelas sabatinas han sido fundadas gracias a la energía y la iniciativa ejercidas por los padres. Aunque hay muchas personas interesadas, ¿todavía no existe la enseñanza en nuestra lengua? ¿Quizá podríamos fundar una nosotros mismos?

Resumiendo

En Alemania, la enseñanza en lenguas distintas del alemán se imparte en las clases de lenguas extranjeras de las escuelas oficiales, en la enseñanza en la lengua materna o de origen, en la enseñanza de asignaturas en lenguas extranjeras, como por ejemplo biología en español, o en las escuelas sabatinas fundadas por la iniciativa privada.

Escuelas en varias lenguas

La enseñanza abierta al mundo desde el primer día. Esta ilusión se convierte en realidad en las horas estelares de la enseñanza en varias lenguas. Los niños juegan en inglés, hacen cálculos en alemán y ejercicios prácticos de gramática francesa; pero, sobre todo, aprenden a relacionarse unos con otros y con las distintas culturas en las que se han criado.

Los alumnos aprenden mejor su segunda lengua, la desarrollan, leen y escriben en ella. La literatura, los artículos de periódico y los tebeos les descubren los secretos de esa lengua. Pero sobre todo por medio de la escritura penetran y pueden aprovechar una de las técnicas culturales de mayor importancia. Una buena formación, una profesión, si no se domina la escritura, nada saldrá bien. ¿Y en la vida diaria? En la vida diaria también son imprescindibles los textos bien redactados, las cartas o las noticias bien expresadas, ya que no queda más remedio que estar escribiendo constantemente. En las clases impartidas en régimen bilingüe, nuestros niños aprenden a escribir en los dos idiomas sin ningún problema.

Muchas ventajas

Valerio asiste desde hace un año al colegio italoalemán de Frankfurt. Ahora está ya en segundo curso de enseñanza primaria.

Tal como esperábamos, su italiano ha mejorado y estamos muy contentos de que aprenda a leer, escribir y sumar en esa lengua. Pero nos ha asombrado lo siguiente: ahora se siente mucho más seguro de sí mismo. Creo que se debe a que por fin ha tenido ocasión de darse cuenta de que su segunda lengua tiene verdadero valor y recibe el aprecio que se merece. Su lengua aparece en las notas, otros niños le preguntan pidiéndole ayuda, puede ayudarles a hacer los deberes. En esa clase, puede desarrollar plenamente su personalidad bicultural.

Valerio tiene dos maestros, un profesor alemán y una profesora italiana. Los dos están aprendiendo la lengua del otro. Nos permiten hablar en italiano cuando queremos decir alguna cosa. Son muy numerosos los padres italianos que asisten a los actos y las reuniones que se celebran al final de la tarde tras el horario de trabajo. Son muchos los padres alemanes que asisten a cursillos de lengua italiana. Los adultos también aprendemos juntos y unos de otros. No somos «extranjeros» y «alemanes», sino la señora Rossi y el señor Meier.

Como todos los «bilingües», los niños de las clases bilingües terminan sus clases a las dos de la tarde, y los padres nos solemos reunir periódicamente en el patio del colegio. A todos nos gusta encontrarnos, intercambiar noticias, así como escuchar y hablar en italiano.

Hasta ahora los aspectos brillantes. También hay un par de sombras: muchos niños tienen que venir de bastante lejos. Tenemos que ir a buscar y traer a los niños con el coche.

Las amistades toman distintas formas. Se debilitan las relaciones con los niños del barrio. Muy pocas veces puedo mandar a mi hijo a que juegue con su amigo que vive a la vuelta de la esquina. Si le invitan a ir a una fiesta de cumpleaños, resulta que tenemos todo el sábado ocupado para llevarlo y traerlo. Valerio se ha dado cuenta de lo que pasa y le ha entristecido. Pero entonces le he indicado que la semana pasada el cónsul general de Italia y la ministra de cultura del estado de Hesse visitaron su escuela para ver cómo progresan sus estudios. Eso bastó para devolverle el orgullo. Y también a nosotros. A todos nos ha resultado provechoso.

Familia Montanari

Lo que hasta ahora constituía una excepción se ha convertido en la regla. Muchos de los compañeros de clase son bilingües y el que todavía no lo es, lo será. Muchos de sus compañeros viven con su propia personalidad entre dos o más culturas. Esto refuerza la confianza en sí mismos. Valerio se da cuenta de que ya no tiene que esconder una parte de su manera de ser porque a los demás les parezca rara. Ahora puede exhibirla a la luz del día y a los demás ¡hasta les parece bien!

La otra cara de la moneda

Raras veces ocurre que las escuelas estén en el mismo barrio en el que uno vive. No queda más remedio que llevar y traer a los niños y niñas. Los amigos no viven en la misma calle. Hay que contar con tener que efectuar distancias considerables o con mudarse de casa.

Durante las primeras semanas, prácticamente todo resulta desconocido: los compañeros de la escuela, el barrio, las caras. Pero esta situación solamente inquieta al principio.

Con frecuencia, es necesario pagar las cuotas escolares o importes parecidos a tal efecto. Suelen oscilar entre más de 500 euros mensuales y 75 euros para el comedor o ser incluso gratuitas. El importe depende de varios factores, como el tipo de escuela, el hecho de que la enseñanza bilingüe se imparta en una escuela oficial o en una privada, y de que el estado federado alemán correspondiente conceda subvenciones o no.

A veces, las empresas se hacen cargo de los gastos de las clases cuando se traslada a empleados suyos desde Estados Unidos a Alemania o se les envía a países de lengua inglesa o a otro continente.

Por desgracia no existen ofertas de enseñanza bilingüe para todos los idiomas.

Existen «ensayos» de escuelas bilingües en muchas ciudades y municipios, pero siguen siendo muchísimas menos de las que se necesitan. Existen regiones o comarcas en las que no hay ningún tipo de enseñanza bilingüe en las cercanías. Con frecuencia sucede que se presentan más alumnos que puestos escolares disponibles. En tales casos, la propia administración escolar tiene que seleccionar a los que serán admitidos. Una situación de estas características resulta desagradable tanto para los profesores como para los padres afectados.

Terribile ed estremamente dolorosa ogni anno, l'esperienza dell'inevitabile rifiuto a tanti bambini che aspirano a frequentare la scuola bilingue.

Todos los años resulta terrible y extremadamente dolorosa la experiencia de tener que rechazar inevitablemente a tantos niños que aspiran a asistir a la escuela bilingüe.

Anna Pagliuca Romano,
maestra de la escuela italoalemana
de Frankfurt[26]

Resumen de las ventajas y los inconvenientes de las escuelas plurilingües:

Ventajas	Inconvenientes
• El niño amplía y profundiza sus conocimientos de ambas lenguas • Aprende a leer, escribir y sumar en las dos lenguas • El niño siente que su bilingüismo es apreciado y se le da valor • Se intenta el diálogo intercultural • Se acepta la variedad cultural en clase. Se tratan temas interculturales con mayor frecuencia que en la escuela normal • El niño puede compartir sus experiencias al vivir en varias culturas con sus amigos y compañeros de clase • Nuestro propio hijo, la escuela, los profesores y maestros, los demás padres nos miran menos como a extranjeros • Nos sentimos más a gusto en la escuela. Son más los padres extranjeros que toman parte en las sesiones dedicadas a los padres por las tardes tras el horario laboral • Podemos ayudar a hacer los deberes que el niño trae a casa • Se hace más fácil que la formación escolar y/o profesional se haga en el extranjero	• A menudo las distancias son grandes. Hay que organizar bien el transporte y se producen gastos • Como consecuencia de los viajes de ida y vuelta, los niños tienen menos tiempo libre. Al niño que tiene que atravesar toda la ciudad de ida y vuelta, no le queda tiempo para la clase de música ni para practicar deportes después de hacer los deberes • Las cuotas que se deben pagar por la asistencia a estas escuelas varían mucho. Algunos empresarios se hacen cargo de las cuotas escolares • Disminuyen las relaciones del niño con los demás niños del vecindario. Sus amigos acaban estando repartidos por toda la ciudad • Las primeras semanas (pero sólo las primeras) resultan un poco más difíciles que las demás para los que proceden de otros barrios de la ciudad y no conocen a nadie • No se puede admitir a todos los solicitantes. Sigue habiendo gran escasez de puestos escolares • La oferta escolar se limita a unas pocas lenguas

Los distintos tipos de escuelas

Tienen casi los mismos nombres, aunque sus contenidos son muy distintos. A primera vista parece que las escuelas europeas y las escuelas de Europa son un embrollo bien enmarañado, pues todas son en cierto sentido internacionales y, a pesar de todo, no son escuelas internacionales. Sea lo que fuere, merece la pena mantener una entrevista con la escuela existente en nuestra ciudad. En última instancia, son los hombres los que imparten la enseñanza, no los programas.

Escuelas internacionales

La enseñanza se imparte en lengua inglesa y, con gran frecuencia, las ofertas pedagógicas son excelentes. Las cuotas escolares son considerables.

Se concibieron pensando en los niños cuyas familias se trasladan continuamente de un continente a otro. Empezaron su formación escolar en Australia, continuaron en Europa y puede que la terminen en Asia. Por eso, las escuelas internacionales no siguen las orientaciones de las escuelas nacionales. Permiten la obtención de certificados escolares aceptados en todo el mundo y, además, en muchos casos, un certificado escolar nacional. Se acepta de buen grado a alumnos que residan habitualmente en la ciudad en la que está situada la escuela.

Las escuelas internacionales son más que nada escuelas en lengua inglesa, basadas en el modelo occidental. Se concede un amplio y variado espacio a las lenguas extranjeras. De todas formas, que nadie piense que en este tipo de escuelas se fomenta directamente el bilingüismo hispanoalemán, lo que verdaderamente se esfuerzan por conseguir es el bilingüismo consistente en el «inglés y otra lengua».

Una conversación con la escuela internacional más cercana le resultará muy útil para aclarar sus ideas. Las puede encontrar también en Internet.

Escuelas europeas

Fueron fundadas para escolarizar a los hijos e hijas de los numerosos funcionarios que trabajan en los organismos de la Unión Europea. Para ellos, la escuela es gratuita. Los puestos escolares que hayan quedado libres se ponen a disposición de otros niños, aunque pagando las cuotas escolares requeridas.

La meta de estas escuelas es que Europa vaya creciendo conjuntamente. Se imparte enseñanza en común a niños y jóvenes de todos los países miembros desde la guardería en adelante. Se les da a conocer lo que poseen en común y, al mismo tiempo, se les enseña a respetar su propio origen. Las llamadas clases u horas europeas se reservan para llevar a cabo actividades en varias lenguas; es el espacio destinado a que se encuentren las distintas naciones. En el programa se incluyen competiciones deportivas, un modelo de Parlamento Europeo y Día de la Cultura Juvenil. A los alumnos se les imparte buena parte de la enseñanza en una segunda lengua, que puede ser francés, inglés o alemán, a su elección, así como asignaturas en ese idioma. Posteriormente, la enseñanza les será impartida en otra lengua y, si lo desean, en otras dos lenguas más. ¡Así llegarán a cuatro!

Para no vivir cerradas en sí mismas como si fueran islas, estas escuelas se esfuerzan en mantener intensas relaciones con las demás escuelas existentes en la ciudad en la que están situadas. Invitan a personas en prácticas y organizan días de puertas abiertas.

Estas escuelas conceden el título de bachiller europeo, que está reconocido por todos los estados miembros de la Unión Europea. Además, otro detalle: el título de bachiller alemán, llamado Abitur, está también reconocido en todos los estados de la Unión Europea. Desde ese punto de vista, el título de bachiller europeo no es mejor, es sencillamente distinto. Por el hecho de ser una escuela europea fue necesario formular un certificado de estudios común.

Solamente se imparte la enseñanza de las lenguas oficiales en los estados de la Unión Europea. En Alemania, existen tres escuelas de estas características: en Karlsruhe, Munich y Frankfurt, todas ellas muy próximas entre sí, en el sudoeste de Alemania. En Internet se presentan a sí mismas en alemán, inglés y francés en la dirección www.eursc.org.

Escuelas de Europa y ensayos escolares en escuelas oficiales

En el curso de los últimos años, se han puesto en marcha una larga serie de ensayos escolares de gran interés. Con la colaboración de los consulados, ministerios y, a menudo, de las asociaciones, se imparte enseñanza bilingüe turcoalemana, hispanoalemana, italoalemana, etc., en una sección de la escuela oficial alemana. El reglamento exige que haya dos profesores en cada clase, uno alemán y otro que posea la segunda lengua de nacimiento. Unas veces, entre los dos ocupan una plaza de plantilla y otras se le concede al maestro de la lengua extranjera un puesto a tiempo parcial. Por lo tanto, solamente puede impartir sus enseñanzas durante un período corto. El sistema seguido se basa en el concepto de «tándem». En este modelo, los alumnos aprenden unos de otros. Los niños de lengua alemana aprenden de sus compañeros que saben otras lenguas; los que hablan turco (o italiano) aprenden de sus compañeros alemanes de clase y en su compañía. Para que todo vaya y salga bien, el «con» es por lo menos tan importante como el «de». Es necesario que se aprendan y hagan ejercicios de diálogo intercultural y de la comprensión que pasen por encima y superen las fronteras étnicas. Se convierte en normal el hecho de aprender en compañía. Se vuelven mucho menos frecuentes el racismo y los chistes que ridiculizan a los extranjeros.

I bambini mi sembrano più completi, con personalità più forti. Mi sembrano più consapevoli di sé stessi. Danno risposte più complesse rispetto a studenti che imparano l'italiano come lingua straniera. Anche i bambini di lingua tedesca che, all'inizio del loro periodo scolastico non conoscevano l'italiano, adesso lo conoscono abbastanza bene.
Nelle scuole non sempre la lingua che i bambini portano viene considerata un patrimonio positivo. Al contrario,

Los niños me parecen más completos, con personalidad más fuerte. Me parecen más conscientes de sí mismos. Dan respuestas más complejas que los alumnos que aprenden italiano como lengua extranjera. Hasta los niños de lengua alemana que al inicio de su período escolar no conocían el italiano, lo saben ahora bastante bien.

En la escuela no siempre se tiene por un bien positivo la lengua que los niños traen consigo. Al contrario, bastantes veces se la considera solamente un factor de interferencia. En cambio, en la escuela

Muchos de los intentos mencionados tuvieron su origen en iniciativas de padres deseosos de que sus hijos pudieran sacar provecho de los nuevos métodos de enseñanza. Dos de los ejemplos de estas iniciativas son los «ensayos» o «intentos» para aprender francés e italiano creados en Frankfurt. Esto demuestra que ¡el compromiso de los padres puede tener éxito!

En Berlín este «ensayo» recibe el nombre de Escuela Estatal de Europa Berlín (Staatliche Europaschule Berlin), pero no el de Escuela Europea (Europäische Schule). Hasta el momento de escribir estas líneas se ha extendido de tal forma que ya comprende diecisiete escuelas en nueve lenguas: turco, polaco, portugués, griego moderno, ruso, italiano, español, francés e inglés.

Los métodos de funcionamiento de cada uno de estos ensayos son tan variados como los conceptos que han servido de fundamento para su desarrollo. Muchas de las diferencias se deben al mero hecho de que, en cada uno de los estados federados alemanes, se aplican las leyes vigentes en ese estado, las cuales son distintas en Hesse, donde está Frankfurt, y en Baviera, cuya capital es Munich, a pesar de ser estados vecinos, pues en Alemania la educación es competencia exclusiva de cada uno de los estados federados.

Se trata de una tierra nueva que pisan los maestros, los alumnos y los padres. Vuelve a resultar más fácil encontrar una escuela para el inglés o para el francés, pero también hay oferta de otros idiomas. Se obtienen los diplomas alemanes.

¡Atención, juego de palabras! No todas las Escuelas de Europa son bilingües. Por ejemplo, en Darmstadt, ciudad cercana a Frankfurt, hay una escuela que lleva el mismo nombre porque lleva a cabo una labor ejemplar en el campo de la enseñanza intercultural. Hay una larga serie de Escuelas de Europa en todo el territorio de Alemania que son parcialmente bilingües o cultivan la convivencia. En Internet figuran en la siguiente dirección: www.dipf.de/dipf/bildungsinformation_iud_eudok_schul_list.htm.

Escuelas con distintos patrocinios

Hay diversos patrocinadores de escuelas y la variedad es tan grande que existe, por ejemplo, el internado italiano de la Iglesia, con sede en la localidad cercana a Colonia de Stommeln, así como la Kennedy School de Berlín, que imparte sus clases en inglés norteamericano. En muchas de las grandes ciudades alemanas sigue viva la vieja tradición de los institutos franceses de enseñanza media y de las escuelas griegas. Todas son diferentes entre sí. Como siempre, lo mejor es informarse directamente en la propia escuela.

Todos estos establecimientos de enseñanza tienen un punto en común: organizan un día de puertas abiertas. En ese día, así como en las fiestas veraniegas, representaciones teatrales y ocasiones parecidas, se puede aprovechar la oportunidad para husmear un poco en el interior de las instalaciones, trabar conocimiento, aunque sea de una manera superficial, con el ambiente y el colegio de profesores e intercambiar experiencias.

Cómo conocer la oferta del entorno

Esta clase de información puede obtenerse dirigiéndose a las oficinas del Ministerio de Educación en la ciudad más próxima, cuyos números de teléfono y otros datos figuran en la guía telefónica. Mucha información importante e interesante puede obtenerse de otros padres que nos comuniquen sus experiencias. Más adelante podemos informarnos en la dirección de la escuela. Si es necesario, podemos concertar una entrevista o asistir el día de puertas abiertas. Desde luego, la secretaria podrá darnos respuestas concretas a muchas de nuestras preguntas.

Son numerosos los consulados y las embajadas que disponen de personal especializado en cuestiones relacionadas con las escuelas; su misión consiste en proporcionar información.

En la red, podemos consultar la dirección alemana www.bildungsserver.de, la cual nos proporcionará toda clase de información acerca de la enseñanza, las escuelas y muchas más cuestiones en alemán, inglés y francés, así como las direcciones de las escuelas alemanas en el extranjero. Se puede obtener una lista de las escuelas con plan de estudios bilingüe en http:/lernen.bildung.hessen.de/bilingual/schulverweise/schulen. Muchas escuelas tienen su propia página. Es una lástima, pero todas ellas no se pueden hallar en esa dirección o figuran en enlaces. Por eso siempre merece la pena hacer una llamada telefónica a las oficinas del Ministerio de Educación en la ciudad más próxima.

¿Y después de la escuela primaria?

En Canadá, los «ensayos» de escuela existen desde hace treinta años. He aquí una regla importante: los niños olvidan con la misma rapidez con la que aprenden. De ahí la importancia de emplear la destreza adquirida. Lo mejor es que la formación escolar siga siendo bilingüe en la enseñanza media o que por lo menos haya asignaturas en la segunda lengua. Quizá a veces resulte imposible, en cuyo caso no quedará más remedio que conformarse. Ahora bien, si es verdad que se le puede seguir proporcionando enseñanza bilingüe, lo mejor es que nuestros chicos sigan por la senda que les hemos ido allanando hasta ahora.

Resumiendo

Las escuelas multilingües son muy útiles para que el niño se desarrolle mejor lingüística, espiritual y personalmente. Los padres se sienten más a gusto en estas escuelas porque tienen la sensación de ser mejor aceptados. Uno de los inconvenientes es que la escuela está a mayor distancia. Además, como no se puede aceptar a todos los niños, suele haber procedimientos de selección.

En Alemania hay:

▲ Escuelas internacionales.

▲ Escuelas europeas.

▲ Ensayos de escuelas bilingües en las escuelas oficiales.

▲ Escuelas de Europa.

▲ Escuelas plurilingües fundadas por distintas instituciones.

Cada una de estas instituciones educativas ofrece distintas formas de enseñanza. Suele ser más fácil encontrar oportunidades de enseñanza en inglés que en otros idiomas. Las Escuelas de Europa pueden ser bilingües, pero no es obligatorio que lo sean. Las oficinas del Ministerio de Educación, cuyos teléfonos aparecen en la guía telefónica, los consulados, otras partes y en la dirección de Internet www.bildungsserver.de le proporcionarán más información.

Los deberes

Soy alemana y mi marido es irlandés. Vivimos en Inglaterra. En casa hablamos en alemán con nuestros dos hijos varones de 3 y 6 años, respectivamente. Ian asiste a la escuela inglesa. ¿En qué lengua debemos ayudarle a hacer los deberes?

Sabine, Londres

Los deberes nos traen una parte de la escuela a casa. Al escolar le parece que lo más natural es hablar de los deberes en la lengua de la escuela. Claro que si logramos que todo lo referente a los deberes se trate en casa en nuestra lengua, alcanzaremos enormes ventajas para el futuro desarrollo lingüístico y espiritual de nuestros hijos pequeños. De esta forma pueden aprovechar todas sus experiencias y enlazarlas de modo que formen un todo con lo aprendido en clase.

Al mismo tiempo que, empleando nuestra lengua materna, les explicamos, preguntamos y analizamos lo que han aprendido en alemán en la escuela, volvemos a penetrar e iluminar todos los temas, con lo que ponemos en claro todas las preguntas y cuestiones todavía oscuras. Al principio, les faltarán algunas expresiones, pero muy pronto las aprenderán y de esta manera se enriquecerá también su vocabulario.

Explicando, hablando y conversando volvemos a dilucidar todas las circunstancias y aclaramos las preguntas que aún queden. De entrada faltarán algunas expresiones, pero se aprenden rápido, y con ello también aumentará el léxico.

Esta actitud, esta manera de proceder, contribuirá mucho a las conversaciones en el hogar. Iremos avanzando al mismo paso que la escuela. No sólo hablaremos de los temas de la vida diaria, sino también de historia, matemáticas, ciencias naturales y otros temas del mismo nivel educativo. De esta manera, podremos crear constantemente nuevas situaciones en la lengua materna.

We often read the girl's school books together in English and then discuss the content in German.

Muy a menudo mis hijas y yo leemos juntas en inglés los libros de texto que utilizan las niñas en la escuela y luego nos ponemos a

The older one might ask me in German how to spell an English word, I give her the spelling in English and we then revert back to German. Sounds confusing, I know, but as often reality is smoother than the theory.

hablar de los temas estudiados en alemán. La mayor puede que me pregunte en alemán cómo se deletrea una palabra inglesa. Entonces le deletreo la palabra en inglés y luego vuelvo a hablar en alemán. Ya sé que parece un poco confuso, pero, como muchas veces pasa, la realidad es más sencilla que la teoría.

Erika, Inglaterra[27]

Ayudar a hacer los deberes escolares en nuestra lengua es un experimento que nos permite observar cómo reacciona nuestro pequeño en la escuela. Todos podemos sacarle mucho provecho a este experimento. El comienzo tiene especial importancia porque sirve de punto de partida.

De todas maneras, deberíamos decir, sinceramente, que la mayoría de los padres suelen emplear la lengua escolar (oficial y mayoritaria) para ayudar a sus hijos a hacer los deberes. Ahora bien, aun en el caso de que expliquemos unos temas en una lengua y otros en otra, tendremos a nuestra disposición una gran cantidad de sugerencias perfectamente aprovechables para nuestras conversaciones familiares.

Resumiendo

A los niños les parece más lógico hacer y comentar los deberes escolares en la lengua empleada en la escuela. Si logramos que nos pregunten sus dudas sobre los deberes escolares en nuestra lengua, nuestros hijos aprenderán el doble.

La escuela de los padres: nuestro papel en la enseñanza bilingüe

He elegido la mejor escuela, he analizado el trayecto de casa a la escuela y he comprado la mochila de los libros. ¿Basta con eso? De esto hablé con Gloria Dahl, profesora de la clase 2 b italoalemana de Frankfurt.

I genitori possono creare in casa un ambiente bilingue, con la televisione italiana, con libri italiani, cercando amici italiani che abitino vicino. I papà e le mamme possono imparare insieme ai figli e persino divertirsi. In questo modo le lezioni hanno a che fare con la quotidianità, non rimangono qualcosa di isolato; la famiglia cambia prospettiva e comincia a pensare in due lingue.

Los padres pueden crear un ambiente bilingüe en casa poniendo la televisión italiana, con libros italianos y con amigos italianos que viven aquí. Hasta los propios padres pueden aprender también. Resulta divertido y así se consigue que la enseñanza escolar se relacione con la vida diaria del niño y no quede aislada. La familia modifica su perspectiva: se pone a pensar en dos lenguas.

Gloria Dahl, maestra

O sea, que mi amiga tiene razón cuando habla de «nuestro ingreso en la escuela», «nuestra formación». Nosotros, los padres y madres, estamos tan implicados como nuestros hijos en edad escolar. ¿Cuál es la mejor manera de ayudarlos?

Aprender con aliño

¿Madre alemana y maestra italiana? ¿Es que no se emplea la lengua escolar en casa? ¡Esto hay que cambiarlo! Con lasaña en la barriga y Gianna Nannini en los oídos, las fotografías de las vacaciones en Toscana encima de la mesa y Pinocho en el estante de los libros, mis dos hijos se pasan el día en Italia. Mi italiano es bastante bueno, pero, para sacar adelante los deberes escolares, todos tenemos que emplear el diccionario enciclopédico. Yo no estoy del todo segura de que *cappello* (sombrero) se escriba con una o dos pes. Así el mayor aprende también para qué sirve un diccionario enciclopédico, que no es necesario ser perfecto, que a veces es necesario consultar la enciclopedia y que yo misma estoy aprendiendo con ellos. «¡Ya te lo había dicho, mamá!» Últimamente tiene él más veces razón que yo. Entonces, los dos nos alegramos de nuestro éxito: él, porque se lo ha sabido, y yo, porque veo que merece la pena el sacrificio de ir todos los días con el coche a llevarlos a la escuela.

Durante las vacaciones les doy cursos intensivos en la playa. Tanto en la Riviera como en el Adriático, en Sicilia o Liguria: durante los baños, al construir castillos de arena y buscar puestos de helados, mis hijos hacen amigos, juegan, se divierten con chicos de su edad y con sus padres, nadan y se pelean. ¿Qué es lo primero que aprenden? Los insultos y las palabrotas. Espero que mi hijo no los use con tanta frecuencia en la escuela. Sea lo que fuere, en la playa ha aprendido una gran cantidad de palabras y expresiones, ha aumentado mucho su soltura en la lengua italiana y se lo ha pasado maravillosamente.

También los padres aprenden

A los padres alemanes de los niños que asisten al ensayo escolar les toca volver a sentarse en clase una vez a la semana, en el curso de lengua italiana.

Hay un ambiente muy agradable, todos están bastante animados y asisten con regularidad, siempre que se las pueden arreglar para venir a clase.

Yo no sé italiano y Lion lo está aprendiendo y a veces me hace preguntas. Todavía soy capaz de ayudarle un poco de vez en cuando. Me resulta más fácil cuando cuenta alguna cosa, porque me puedo hacer una idea de qué se trata, aunque no sepa todas las palabras. Además, a mí misma me gusta.

Martina, Frankfurt

Tanto si los organiza la escuela como la asociación de padres o la universidad popular por las tardes, o bien estudiando por cuenta propia con CD o libros, a nosotros mismos y a nuestros hijos les resultará extremadamente provechoso que también los padres aprendamos la lengua. De esa forma les demostramos que lo que ellos están aprendiendo es tan importante que nosotros también lo aprendemos.

Colaboración

Debemos asistir a los actos organizados en el colegio para los padres de los escolares. En las escuelas alemanas hay muchas normas, desde las cartas pidiendo disculpas por la no asistencia del niño a clase hasta la manera de firmar en las notas. Los profesores desean que los padres colaboremos con ellos a establecer y cumplir estas normas. Muchos de los padres o cónyuges extranjeros tienen experiencias no siempre agradables con los profesores alemanes. Hay una larga lista de incomprensiones mutuas. Ingrid Gogolin, investigadora hamburguesa de educación, ha criticado que la escuela sea a menudo incapaz de adaptarse a las situaciones interculturales. Ha inventado la hermosa expresión «hábito monolingüe de la escuela plurilingüe»[28]. Con ello quiere decir que, aunque haya muchas lenguas en la clase, actuamos como si solamente hubiera una.

Cuando los métodos de enseñanza son plurilingües, la situación suele ser diferente. Ya desde la mesa del profesor en la clase y en la sala de profesores las relaciones son internacionales. Con frecuencia, los propios maestros también son alumnos, pues dominan la segunda lengua a distintos niveles. Se toma a los padres extranjeros por personas que dominan la lengua extranjera (turco, italiano, inglés, etc.) de una forma tan maravillosa, que el profesor-alumno se alegra de poder entenderlos. En tales casos, haberse equivocado de artículo una y otra vez no es demasiado grave. Por eso, las relaciones entre los padres y los profesores son por lo general excelentes, las reuniones de padres de alumnos suelen tener una gran asistencia y pueden discutirse las dificultades que van surgiendo en el curso escolar.

Resumiendo

Nuestros hijos no son los únicos que van a la escuela. Los padres también aprendemos con ellos. Podemos crear un ambiente inmejorable en casa, de modo que las dos lenguas escolares tengan su lugar. Si nosotros también aprendemos, ayudamos a nuestros hijos. En los métodos educativos bilingües, participar suele ser, por lo general, más agradable para los padres.

¿Es bueno mezclar dos o más lenguas?

A veces empiezo en inglés y termino en español

«A veces empiezo una frase en inglés y la termino en español»[29]. Salta a la vista que no resulta tan fácil hablar en una sola lengua todo el tiempo. Tomamos palabras en préstamo, mezclamos las frases, empleamos expresiones que nos parecen más apropiadas o sonidos de otra lengua, pasamos sin más de un idioma a otro[30].

Las opiniones varían mucho cuando se trata de saber cuál es la diferencia entre préstamo, mezcla y paso de una lengua a otra, suponiendo que exista tal diferencia. Todos parecen estar de acuerdo en que distinguir entre estos modos de proceder suele ser difícil e incluso imposible. Estos conceptos acostumbran a tener distintas definiciones según los autores, y por eso prefiero hablar de «contacto entre lenguas» o «contacto lingüístico»[31]. Cuando dos o más lenguas entran en contacto en un cerebro, en una persona o en una sociedad, observamos que se influyen mutuamente.

I mean I'm guilty in that sense ਕਿ ਜ਼ਿਆਦਾ ਅਸੀਂ English ਹੀ ਬੋਲਦੇ ਫਿਰ ਓਹਦੇ ਨਾਲ ਇੱਦਾਂ ਹੁੰਦਾ ਕਿ ਤੁਹਾਡੀ ਜੇਹੜੀ ਜ਼ਬਾਨ ਹੈ ਨਾ ਓਹਦੇ ਹਰ ਇਕ sentence ਵਿਚ ਜੇ ਓ ਤਿੰਨ English ਦੇ word ਹੁੰਦੇ ... but I

Creo que en este sentido es por mi culpa que en casa cada vez hablamos más en inglés. ¿Qué ocurre cuando intento hablar en mi propia lengua? Utilizo dos o tres palabras inglesas en cada frase, y me parece

think that's wrong. I mean ਮੈਂ ਖੁੱਲ ਕਹਿਨਾ ਮੈਂ ਕਿ, ਨਾ , ਜਦੋਂ ਪੰਜਾਬੀ ਬੋਲਾਂ, pure ਪੰਜਾਬੀ ਬੋਲਾਂ, ਅਸੀਂ mix ਕਰਦੇ ਰਹਿੰਦੇ ਹਾਂ. I mean, unconsciously, subconsciously, ਕਰੀ ਜਾਨੇਂ, you know, ਪਰ I wish, you know ਕਿ ਮੈਂ pure ਪੰਜਾਬੀ ਬੋਲ ਸਕਾਂ.

que esto no está bien. Creo que personalmente preferiría hablar en penjabí puro cuando me pongo a hablar en penjabí. Sin embargo, mezclo ambas lenguas consciente o inconscientemente. Pero ¿sabes?, me gustaría hablar en penjabí puro[32].

Este hombre describe sus sentimientos. Además, lo hace expresándose en dos lenguas. Unas cosas las dice en inglés y otras en penjabí. Se trata de una mezcla arbitraria o ¿quizá se pueden percibir ciertas reglas?

Sobre las mezclas y las regularidades

Por lo menos existen tres técnicas distintas de mezclar varias lenguas: la introducción de elementos aislados de un idioma en otro, saltar de una lengua a otra y hablar con ambas lenguas a la vez, y, finalmente, incluir partes de la oración en una lengua distinta a la que ha servido para comenzar y terminar la frase[33].

- La introducción de elementos sueltos o aislados: «you know» (¿sabes?) o «I wish» (me gustaría). Las incluye sueltas en medio de la oración penjabí.
- Entre las oraciones: este hablante empieza la frase en inglés: «I mean I'm guilty in that sense» (creo que en este sentido es por mi propia culpa). Entonces empieza la siguiente frase en penjabí (¿qué ocurre cuando intento hablar en mi propia lengua?).

  La investigadora canadiense Shana Poplack opina que hay que saber muy bien ambas lenguas para cambiar de lengua en medio de una frase, ya que, a fin de cuentas, hay que poner de acuerdo dos gramáticas distintas.
- En la mitad de la frase: es cuando se ejecutan saltos mortales entre las dos gramáticas. En medio de la frase, los hablantes cambian de lengua, llegando a darse el caso de que lo hagan en la mitad de una palabra: «ich cover michself up». Así habló Hannah, una niña de 2 años y medio, durante un estudio de

investigación[34]. Hay veces que se llegan a formar palabras compuestas de elementos procedentes de dos lenguas distintas: «Käse» (queso en alemán) + «Cheese» (queso en inglés) = «Tschise» (cheese = «chis» + (Kä) «se»), creación de la niña de 3 años Hildegard Leopold[35].

La profesora Poplack sostiene que los únicos que se atreven a realizar palabras de nueva construcción como éstas son los niños que dominan ambas lenguas muy bien. Su colega Weinreich opina precisamente todo lo contrario: según él, el mejor bilingüe apenas cambia de lengua[36].

Con frecuencia, estas mezclas dan resultados realmente extraños, como el siguiente de Werner Leopold. Este lingüista elaboró uno de los estudios mejor fundamentados tomando como base la evolución bilingüe de sus hijas.

Hildegard (2 años y medio): «*What is in you, Papa?*» (¿qué tienes dentro, papá?)
Padre: «*Knochen*» (huesos)
Hildegard: «*Beans?*» (Bohnen? = alubias – Hildegard está buscando la palabra correcta)
Padre (se lo piensa un poco y decide hacer una excepción. Para ayudar a su hija, le dice la palabra inglesa): «*No, bones*» (No, huesos)
Hildegard: «*Bohnen!*» (alubias)[37]

La siguiente historia la cuenta la catedrática de lingüística en la Universidad de Mannheim, la profesora Tracy:

A mi hijo se le ocurrió proponer una vez (iba a la escuela de primaria) que también se podría decir: «Thank you very Dreck» (en *inglés «much» suena a alemán «Matsch» = alemán «Dreck» = castellano «porquería»*). Me costó una ETERNIDAD entender el juego de palabras y mi hijo se partía de risa viendo mi asombro.

Rosemarie Tracy, Mannheim

Resumiendo

Cuando dos o más lenguas entran en contacto en una persona, una familia o una sociedad, observamos que se influyen mutuamente. Los niños mezclan los sonidos, la gramática, las palabras, entre las frases o dentro de ellas, y a menudo surgen palabras que constituyen verdaderas creaciones que nos asombran por su originalidad.

Los pros y los contras

¿Cómo debemos tomar el hecho de que Joe emplee dos idiomas a la vez? ¿Es bueno o malo? ¿No será incluso un signo de su inteligencia? ¿Dejará de hacer esas mezclas por sí mismo, sin ayuda de nadie?

La mezcla de lenguas en los niños pequeños

Algunos niños mezclan muchas palabras entre los 2 y 3 años. A menudo esta tendencia tiene su origen en que todavía les faltan palabras y, por eso, las piden prestadas a la otra lengua que también saben. Algunas veces se paran brevemente antes de soltar la palabra mestiza. Cuando a los 3 o 4 años adquieran un vocabulario más amplio, mezclarán menos ambas lenguas.

Harrison tiene 2 años y medio. Sabe alemán e inglés. Los que no pertenecen a la familia no siempre entienden lo que dice porque mezcla ambos idiomas. Al parecer, eso le produce frustraciones. Cuando los abuelos llaman por teléfono, tengo que estar junto a él para traducir lo que dice.

Sophia, Frankfurt

Todos los datos de que disponemos nos inducen a pensar que tiene las dos lenguas en la cabeza y que, en lo tocante a sus aptitudes para hablarlas, sabe que cada una de ellas tiene su propio sistema estructural, distinto del de la otra. Pronto le entenderán los demás también sin dificultades.

¿Qué.pasa cuando los escolares o los adolescentes mezclan varios idiomas al hablar?

Hay distintas opiniones al respecto.

Opiniones en contra

A la mayoría de los profesores de alemán les parece horrible. A los padres no les hace ninguna gracia. Los parientes dan muestras de preocupación. Son muchos los que sostienen que quien mezcla las lenguas no domina ninguna de ellas. Quien toma prestada una palabra es un perezoso o no sabe la palabra apropiada. Solamente hay una forma aceptada por todos: que se cambie de lengua para hablar con una persona que no sabe más que esa lengua.

Como siempre, el ambiente, el entorno, desempeña un papel muy importante. En Alemania, la mayoría de las personas se tienen por monolingües. Se cree que las mezclas de lenguas no son más que errores o remiendos para sustituir una palabra correcta que no se sabe o no se tiene en la mente en el momento oportuno. En las sociedades plurilingües, la actitud es distinta.

Una profesora de alemán relata lo siguiente:

Actualmente tengo dos alumnos italianos, un niño y una niña. Han nacido aquí y en casa hablan en italiano. Los dos tienen grandes dificultades con el alemán.

No cometen las mismas faltas que los demás niños. El chico escribe algo tal como lo oye, y hay que prestar mucha atención para entender lo que quiere decir. Si al principio oye una «h», la escribe, pero no tienen aquí ninguna «h» y mucho menos al principio. La chica no distingue bien los sonidos de la «i» (*la «i» larga de «bieten» «sheep», «beach» y la «i» corta de «bitten», «ship», «bitch»*) en las palabras alemanas «im» (*i corta*), «ihm» (*i larga*) y «hier» (*i larga*). (*Como una de las formas de alargar las vocales en alemán es poner una «h» detrás de la vocal, la otra consiste en poner una «e» detrás de la «i».*) La niña pone casi siempre una «h». Escribe «in» con «h» e «ihn» sin «h», exactamente al revés. Yo, sintiéndolo mucho, me porto con toda normalidad: en cada caso ha habido una falta. No me queda margen de maniobra.

Las redacciones se caracterizan por una manera de expresarse muy propia de ellos, que con gran frecuencia no tiene nada que ver con el llamado buen alemán. Se entiende lo que escriben, se sabe lo que quieren expresar, pero tienen enormes carencias en la lengua para formar una buena frase. La forma en que se expresan es sencillamente errónea, y lo señalamos al margen con una falta de expresión. Los sustantivos no están bien colocados en la frase, las expresiones se emplean de manera equivocada, los tiempos verbales se utilizan mal y se usan verbos en contextos en los que no debieran haber sido empleados.

Aun cuando yo supiese italiano, tendría que señalar como falta cada una de las equivocaciones cometidas por el niño o la niña, aunque yo pudiera explicarme, desde el punto de vista del italiano, por qué el niño o la niña comete esas equivocaciones en alemán. Por esta razón, no puedo disculpar esas faltas. A pesar de todo, tengo que emitir un juicio dentro de la clase. No me está permitido decir: «Esta niña es italiana y por eso construye las oraciones de esta forma». No puedo hacer eso.

Profesora de alemán de grado medio
(clase 5.ª a 10.ª) en una escuela integrada

Esta maestra tiene gran experiencia y pone mucho empeño en su labor. Sin embargo, para todo lo que lee en los trabajos de redacción que no se ajuste a las reglas del Duden (la gramática oficial alemana) solamente tiene una palabra: falta. Sin duda alguna es una buena profesora. Pero es incapaz de apreciar, ni mucho menos admirar, lo que son capaces de lograr los niños bilingües haciendo complicados juegos malabares con dos sistemas lingüísticos distintos. Si la niña no sabe distinguir la «i» larga de la corta, se podría explicar diciendo que todas las «íes» italianas son largas, por lo menos algo más largas que las de las palabras «in» (en) o «mit» (con). Como soy lingüista, me siento afectada, pero esta maestra expresa la realidad con gran exactitud: «Aunque pueda explicarme por el italiano por qué este niño o esta niña comete esa falta, no la puedo disculpar». Eso es exactamente lo que ocurre. Ella está obligada a cumplir lo especificado por los distintos planes de estudios vigentes.

Opiniones a favor

Un enriquecimiento

Los bilingües lo consideran un enriquecimiento. «Yo vivo siempre con dos lenguas, ¿por qué voy a esconder una?» Creo que esta palabra es mejor para decir esto, esta otra manera de decir las cosas es más divertida, se le ocurre solamente una manera de expresarse. Son muchas las razones que nos llevan a cambiar de un idioma a otro y a hacer *surfing* sobre las olas de las lenguas.

My ex-husband is German – I'm English. Our main »family« language was German. We separated when our daughter was seven months old. I have spoken both English and German to my daughter since she was born, my husband spoke German to her during the short time they lived together and has continued to do that during visits since the split. From the age of five months, my daughter was looked after half-days by a German »Tagesmutter« and was with me the rest of the time. Social life consisted of both German and English-speaking contacts, so both languages were about

Mi ex marido es alemán y yo soy inglesa. La lengua principal usada en la familia era el alemán. Nos separamos cuando nuestra hija tenía 7 meses. Desde su nacimiento, he hablado con mi hija en alemán e inglés. Mi marido le hablaba en alemán durante el breve período en que vivimos todos juntos y ha continuado hablándole en alemán durante las visitas que le hace desde que nos separamos. Desde que tenía 5 meses, mi hija estuvo a cargo de una cuidadora durante media jornada, mientras que el resto del día me ocupaba yo misma de ella. Tenemos amigos tanto de lengua alemana como de lengua inglesa, por lo que ambas lenguas tienen la misma

equally prominent. At the age of 2 ½, my daughter went to an international kindergarten, where the main language was English. Still, we spoke both German and English in all aspects of life. My daughter switched to a German kindergarten at the age of five in preparation for German »Grundschule«. Now eight years old, she has no problems at all switching from the one or other language – she is equally fluent in both, speaks both accent-free, but there are gaps in her English knowledge of childhood things in that she has learned most of her English from adults and tends to speak English like a 40-year old. I have since remarried and my new husband is English and fluent in German (we work as translators). Again, the family switches between the two languages with ease and we often don't really notice which language we are using. Generally, if a conversation starts in German it continues that way and vice versa. We accommodate the languages of our family mem-

importancia. A la edad de 2 años y medio empezó a ir a una guardería infantil internacional, en la que se hablaba sobre todo en inglés. Seguimos hablando de todo tanto en alemán como en inglés. A la edad de 5 años empezó a ir a una guardería infantil alemana para irse preparando para la escuela primaria. Ahora tiene 8 años, habla con soltura en ambas lenguas y pasa de una a otra sin esfuerzo alguno. Habla sin ningún acento extranjero. Le faltan conocimientos de temas infantiles en inglés, porque casi todo lo ha aprendido en contacto con adultos, de manera que habla como si tuviese 40 años. Me he vuelto a casar. Mi marido es inglés y habla con soltura en alemán. Trabajamos de traductores. La familia ha vuelto a pasar de una lengua a otra sin ningún esfuerzo. A menudo no sabemos en qué lengua estamos hablando en un momento determinado. Por lo general, continuamos hablando en alemán cuando la conversación ha empezado en alemán. Nos adaptamos a los conocimientos de los demás miembros de la familia y de nuestros amigos. Cuando uno de nosotros ha tenido una experiencia peculiar en una de las lenguas, nos

bers and friends. If we have a particular experience in one language, we tend to discuss it in the other to ensure our daughter acquires the terminology and is able to express herself well. Language is and never has been a problem. Bilingualism is a fascinating subject and a gift to all children fortunate to grow up with two or more languages.

ponemos a hablar de ese asunto en la otra lengua precisamente para que nuestra hija aprenda las palabras y sepa expresarse bien. La lengua no ha sido ni es motivo de ningún problema. Saber dos lenguas es una cuestión fascinante y un regalo para todos los niños que tengan la suerte de crecer en dos o más lenguas.

Carol

No es ningún relleno

Los lingüistas han tenido ocasión de comprobar reiteradas veces que los hablantes saben las dos expresiones. Por ejemplo: «Every time I got a connection, the computer would *"abstürz"*» (siempre que conseguía una conexión, el ordenador se *"caía"*)[38]. Es más exacto decir que nuestro subconsciente se ha cruzado en nuestro camino y nos muestra cómo empleamos ambas lenguas y las entrelazamos (interconectamos) en el cerebro.

Mi marido y yo somos bilingües en italiano e inglés. A los dos nos resulta del todo natural hablar en ambas lenguas. Durante la cena hablamos en los dos idiomas, mi marido empieza en italiano, luego cambiamos el tema y los niños hablan en alemán entre ellos. Cuando mi hija habla conmigo, emplea sobre todo el italiano. Mi hijo es un tremendo aficionado al fútbol y de fútbol hablamos solamente en italiano. Cuando hablamos de la escuela, lo hacemos sólo en alemán. En Italia, únicamente hablamos en italiano. Allí los demás no saben que nuestros hijos saben también otras lenguas.

Giulia, Frankfurt

El grupo también interviene en la conversación

Con cierta frecuencia podemos observar cómo se mezclan las lenguas habladas en grupos bilingües. Cuando los niños o los adolescentes notan que los demás solamente saben una de las lenguas, emplean esa misma lengua para poderse comunicar. Las mezclas se vuelven mucho más infrecuentes.

A menudo he tenido ocasión de observar en el metro que los adolescentes pasan de una lengua a otra por períodos y que, a veces, las combinan. Uno cuenta algo en alemán y los demás hacen comentarios en alemán. Luego se pone otro a contar otra historia en una lengua que no entiendo. Los demás hacen comentarios de los que no entiendo ni palabra. De vez en cuando, me parece captar un par de palabras alemanas o algún elemento como «weisst» (¿sabes?). Es una de las formas de afirmar su personalidad de adolescentes plurilingües, a los que les resultan demasiado estrechas las fronteras culturales.

Me pregunto si el paso de una lengua a otra lo decide el líder del grupo; pero, claro, lo único que puedo hacer es imaginármelo.

¿Es posible no mezclar las lenguas?

Por más que nos esforcemos por separar claramente una lengua de la otra, hasta nosotros, los adultos, las mezclamos. Una palabra, una expresión existente en una de nuestras lenguas nos parece más apropiada que las existentes en las otras, la expresión «Kindergeld» (literalmente: «dinero por los hijos», equivalente al «subsidio familiar proporcional al número de hijos») solamente existe en alemán. Nosotros no somos máquinas que actúan exactamente de acuerdo con la reglamentación. No siempre se puede asignar cada una de las lenguas a un ámbito claro e inequívoco, hay veces en que ni siquiera es práctico intentarlo por la sencilla razón de que uno de los educadores pasa poco tiempo en casa. Hay personas multilingües que se han criado de esta manera y, sin embargo, hablan y escriben bien. Esta manera de proceder tan libre y poco sujeta a reglas no ha sido demasiado analizada por los investigadores. La mayoría de los lingüistas han seguido exactamente el procedimiento «1:1»; pero tenemos que reconocer que hay otras vías que también conducen a la meta deseada.

He hablado sobre el contacto entre lenguas con la catedrática Rosemarie Tracy del seminario de filología inglesa de la Universidad de Mannheim.

¿Cómo se pueden percibir las mezclas?

Depende de cómo sean las distintas lenguas. En inglés y alemán hay muchas palabras que se parecen. Entre «Bett» y «bed» o entre «Bad» y «bath» no resulta fácil saber si el niño ha dicho la palabra inglesa o la alemana. Cuanto más inequívocas sean las mezclas, mejor las notaremos.

¿Cuáles son los motivos de estas mezclas?

Los niños muchas veces mezclan las lenguas porque les faltan las palabras o todavía tienen deficiencias. Los mismos adultos mezclan por motivos estilísticos, por ejemplo, contando un chiste en una lengua y la «gracia» del chiste en la otra. A veces, los niños dicen una cosa en una lengua y para resaltar lo que quieren decir lo repiten o se corrigen a sí mismos en la otra lengua. Voy a dar un ejemplo tomado de los datos que hemos registrado a adultos: «ich hatte auch so einen Kaffee- äah, I mean, Teewagen». (Yo tenía uno de esos carritos con ruedas para llevar el café [alemán], o sea [inglés], un carrito para el té [alemán].) En estos casos se trata de medios estilísticos.

En último término, es estupendo que los niños dominen ambas lenguas lo mejor posible, para que ellos también tengan a su disposición estos medios estilísticos y mejore así su capacidad expresiva.

¿Hasta qué punto es perjudicial que se mezclen las lenguas en el propio hogar?

Hay cierto número de comunidades lingüísticas en las que mezclar las lenguas es la forma normal de hablar. Los niños también tienen que adquirir esa clase de aptitudes para poder servirse de todo el repertorio. No hay ninguna necesidad de atajar o impedir tales mezclas de lenguas cuyo fin es el de conseguir efectos estilísticos. Creo que cuando se hablan varias lenguas en el hogar, no hace falta insistir en que se hablen por separado. Además, tampoco se puede, ya que muchas veces ni siquiera nos damos cuenta. Si los padres empiezan a controlarse, lo único que conseguimos es provocar remordimientos.

Hemos llegado a averiguar que cuando los padres mezclan mucho, sus hijos no siempre mezclan mucho. No hay razón alguna que obligue a transmitir esa actitud. Yo misma he tenido ocasión de comprobarlo a lo largo de mis investigaciones. También puede darse el caso contrario, puede suceder que padres muy atentos a no mezclar las lenguas tengan hijos que las mezclen mucho. De todas maneras, las mezclas dejan de producirse cuando los hijos aprenden bien ambos idiomas y disponen de los medios de expresión que necesitan para hablar con corrección.

¿Por qué podemos decidirnos?

Para poder ocupar su lugar tanto en la escuela como más adelante en el puesto de trabajo, es necesario que los niños sepan a fondo el alemán sin influencias de otras lenguas. Ésa es la realidad. Si no lo hacen, no podrán obtener buenos resultados escolares en ningún país de lengua alemana y sufrirán las consecuencias a la hora de buscar empleo.

Todo resultaría más fácil si maestros y maestras, educadores y educadoras reconociesen la riqueza existente en los fenómenos de contacto lingüístico. De todas formas, hemos de reconocer que, por ahora, las mezclas de lenguas siguen siendo eso, una falta.

En el seno del hogar y cuando estemos entre amigos, tendremos mayor libertad para expresarnos de la manera en la que nos hallemos más a gusto, más cómodos. Nuestra forma de proceder debe ser un término medio entre «todo está permitido» y la severa separación entre los idiomas. Cuando escuchamos a otras personas, nos damos cuenta: ¿me gusta su forma de hablar?, ¿quiero que mi hijo hable así?, ¿qué es lo que me gusta y qué es lo que no me gusta?

Estaremos mejor vistos en Europa si tanto nosotros como nuestros hijos no mezclamos los idiomas. La razón es muy sencilla: son muchos los europeos que se consideran monolingües, es la norma dominante.

Mi propio resumen

Por mucha libertad que le concedamos, démosle a nuestro hijo pequeño muchas ocasiones de hablar con personas que solamente sepan alemán, pues así podrá obtener buenos resultados escolares. Al hablar con personas que solamente sepan la lengua oficial, aprenderá a limitarse a hablar en la lengua oficial en la escuela. Los compañeros de juego no siempre valen para lograrlo, aunque también resultan una ayuda. ¿Para qué vamos a engañarnos? Los niños de 5 años prestan mucha más atención a jugar con el tren que al empleo de formas de expresión correctas. Más apropiados y útiles resultan grupos de juegos o de trabajos manuales dirigidos o en los que también participen adolescentes o adultos a los que les guste escuchar y hablar. ¡Formando parte de grupos de teatro se consiguen resultados excelentes!

Nosotros mismos, en casa, separamos las lenguas con gran precisión. Nos gustan tanto Kleist como Pirandello, y no queremos mezclarlos.

Elke Montanari

Resumiendo

El empleo simultáneo de dos y más lenguas:

▲ Enriquece las posibilidades de expresión y el estilo.

▲ A menudo se considera como un error o una deficiencia en la educación recibida, sobre todo en la escuela.

Para obtener buenos resultados escolares, es muy importante saber expresarse en alemán puro, sin mezclarlo con ninguna otra lengua. En la vida particular de cada uno, lo que debemos hacer es hallar el camino que nos parezca más adecuado entre los dos extremos: el «todo vale» y la separación a rajatabla.

¿De veras aprenden los niños con tanta facilidad?

Lo que es preferible evitar

Casi siempre sabemos lo que habría sido mejor que no hubiéramos hecho. Por eso, no quiero privarles de una pequeña lista de las equivocaciones más frecuentes.

¡A ver, di algo en...!

Silencio. Eso es, los niños no nos siguen el juego. En realidad tienen razón, no quieren hacer de payasos de circo. A los niños no se les escapa una y se percatan de lo que está sucediendo en cada momento: ¿quiere hablar conmigo?, ¿quiere charlar, que nos entendamos?, ¿a ver si lo que quieren es que actúe? Por muy pequeños que sean, analizan la situación con enorme precisión. Y se callan.

¡Oye, traduce...!

Traducir es una técnica artística, artificial, sobre todo cuando le fuerzan a uno a hacerlo. A nuestros pequeños les parece algo raro, y no lo hacen.

En cambio, si les parece necesario para que todos lo entiendan, muchas veces, sin que se les pida que lo hagan, se ponen ellos mismos a traducir lo que se ha dicho. Entre los 2 y los 3 años, mis hijos nos lo traducían todo a mi marido y a mí: «Papá ha dicho que vuelve enseguida...». Y, la verdad sea dicha, nos entendemos perfectamente también así.

¡Desde mañana sólo en...!

Usted mismo se dará cuenta: la lengua es como una red, un tejido en el que nosotros vivimos. En ese tejido hay tramos de sentimientos y sensaciones, hábitos, canciones favoritas, apelativos cariñosos y frases hechas. Es muy importante que no rasguemos ese tejido, ni siquiera cuando estemos seguros de que lo hemos confeccionado como es debido.

Los cambios repentinos nos resultan terribles a todos. Nos causan el mismo efecto que si se hubiera roto la confianza que teníamos en una persona, como si nos hubieran retirado el cariño. «¿Por qué me habla papá de repente de esa manera en la que no entiendo nada? ¿Qué le he hecho?». Eso es lo que piensan los niños. Los cambios radicales nos molestan a todos, a nosotros y aún más a los pequeños. Si ya tenían dificultades para aprender la lengua, ahora se sentirán más inseguros, si cabe. Todos los especialistas no se dan cuenta de que los cambios abruptos en la lengua tienen efectos muy turbadores. ¿Queremos cambiar alguna cosa? Vayamos paulatinamente, lentamente, y observémonos a nosotros mismos y a nuestro hijo. No cortemos hilos, anudemos nuevos hilos.

Presión

Puede que nos vuelva locos que los niños no pronuncien las palabras como queremos. Pero la presión, la bronca y las maldiciones son veneno puro. O expresado de manera realista: nunca ha dado buenos resultados. Si el niño no habla bien durante mucho tiempo, consultemos a alguien que se haya dedicado a estudiar este problema verdaderamente a fondo y sepa muchos juegos, modos y maneras de hacer ejercicios para que los niños hablen bien: un logopeda.

Resumiendo

Vivimos mejor sin decirle al niño «A ver, di algo en....» ni «¡Oye, traduce!». Los cambios repentinos causan gran turbación. La presión provoca efectos muy dañinos en el ambiente familiar.

Sin ningún esfuerzo

If one more person comes up to me to say »isn't it great that they get two languages for free« I think I'll scream![39]

Si me viene una sola persona más a decirme eso de que es magnífico que los niños aprendan dos lenguas sin más ni más, creo que ¡me pondré a gritar!

Karina, madre de Emilia (25 meses)
y Sebastian (3 meses),
que trabaja durante toda la jornada laboral

Hay que aprenderse palabras de memoria, estudiar gramática, manejar diccionarios, no, eso no es, desde luego, lo que tienen que hacer los niños que crecen desde su nacimiento aprendiendo dos o tres lenguas. Sus aptitudes espirituales, que nunca dejan de sorprendernos una y otra vez, absorben los datos, las palabras y los estímulos que se les ofrecen. A ellos no les causa ningún trabajo aprender.

Pero, ¿qué pasa con los padres? No nos engañemos ni tratemos de embellecer la situación: aquí es donde empieza el trabajo. A veces ocurre que todo resulta una diversión y el premio que recibimos es inmenso; pero somos nosotros quienes tenemos que tener dispuestas la información, las palabras y los numerosos estímulos necesarios para que todo ello lo puedan absorber nuestros pequeños. Empezando porque tenemos que seguir hablando en la lengua que hayamos elegido aunque de vez en cuando no se nos ocurra la palabra o expresión pertinente. Eso significa que tenemos que tener preparada una salida, una forma de proceder, cuando el niño conteste en alemán en vez de hacerlo en inglés. Siempre estaremos a la caza de libros, cintas magnetofónicas, CD, vídeos y películas. A la gente que vive en nuestro entorno, tenemos que explicarles reiteradamente lo que queremos y que con mucho gusto traduciremos lo que quieran decirle al pequeño, pero que nosotros queremos hablarle al niño en una lengua que ellos no conocen y que eso está perfectamente bien y no hay por qué tomárselo a mal. Los viajes de vacaciones nos llevarán a Finlandia o a cualquier otro país en el que nuestra lengua se hable normalmente. Estaremos constantemente tratando de adquirir conocimientos con otros hablantes de nuestra lengua, tanto mayores como pequeños. A nuestros niños les explicaremos que nosotros no somos como muchos otros padres (pero sí como la mayoría de la humanidad, si eso sirve para tranquilizarlos). Cuando creamos que ya lo tenemos todo bien sujeto, nos llevaremos sorpresas, por ejemplo, al comenzar el curso escolar, cuando el niño aprenda a escribir o cuando empiece la pubertad.

Prescindiendo de que el premio de nuestros esfuerzos es gigantesco, ¿es más fácil que nos limitemos a una lengua?

Lo pagaremos si no aprovechamos la oportunidad que nos ofrece la capacidad de hablar varias lenguas. A veces, los adolescentes no saben ni pueden comprender por qué no pueden aprender la lengua de uno de sus progenitores, de su padre o de su madre, según sea el caso. En tales circunstancias, establecen límites a la forma de entenderse con una parte de la familia, las relaciones con los primos y los abuelos tienen que mantenerse sin palabras. También aparecen los límites existentes entre madres, padres, hijos e hijas, límites que impiden la comunicación si no se traspasan, por ejemplo porque los niños solamente saben expresar sus sentimientos en alemán, en la lengua oficial, y las madres sólo saben comprenderlos de verdad en griego. A esas hijas e hijos Grecia les resulta un país extraño y allí los tratan como a extranjeros.

Bilingualism is hard work, but well worth the effort. My sons are now 22 and 24 and both speak, read and write in Finnish – and love Finland and Finnish culture. They also find foreign language learning easy.

El bilingüismo es un trabajo muy duro, pero merece la pena el esfuerzo que hay que hacer para lograrlo. Ahora mis hijos tienen 22 y 24 años y los dos hablan, leen y escriben en finés y, además, le tienen cariño a Finlandia y a la cultura finesa. Además, aprender lenguas extranjeras les parece fácil.

Marjukka Grover, madre y editora de *Bilingual Family Newsletter*, Inglaterra[40]

Criar y educar a los hijos en varias lenguas produce una satisfacción muy profunda y resulta divertido. También supone un gran trabajo para los padres, los abuelos y otros parientes. Pero merece la pena.

Observación final

La mayoría de la humanidad habla más de una lengua. En algunas personas incluso coexisten más de dos. Si además añadimos las variantes regionales, sociales o estilísticas, se puede afirmar sin exageración que *todos* los seres humanos, antes o después, acabamos dominando varios sistemas lingüísticos. Es erróneo creer que un niño solamente puede adquirir totalmente una lengua y que no se sentirá a gusto en casa más que en una sola lengua.

Sabemos que ya desde los 2 o 3 años los niños poseen los fundamentos de la lengua de su entorno. Durante los últimos años, los estudios de investigación han demostrado que lo mismo sucede con los niños que saben varias lenguas o cuya lengua familiar es distinta de la hablada en su entorno. Todavía tardaremos algún tiempo hasta que la mayoría de las personas admita que podemos confiar en la aptitud innata de los hombres para aprender a hablar, incluso en situaciones de partida plurilingües.

De todas formas, a los padres no siempre les resulta fácil llegar a un acuerdo acerca de la política lingüística libre de tensiones que se deba aplicar en el seno de la propia familia y negociarla de nuevo con sus hijos una y otra vez. El fin del libro de la señora Montanari consiste precisamente en partir de ese mismo punto y cerrar un importante hueco en nuestros conocimientos sobre el tema. Quiere dar ánimos y reforzar la voluntad de los padres en su propósito de fomentar las aptitudes lingüísticas de sus hijos desde los primeros momentos y a través de juegos. Deja de lado muchos prejuicios comúnmente aceptados y esboza de manera muy fácil de comprender muchos y prácticos métodos para superar obstáculos y así lograr que el plurilingüismo se convierta en una experiencia enriquecedora para el propio niño.

Profesora Dra. Rosemarie Tracy
Universidad de Mannheim
Facultad de Filosofía, Seminario de Filología Inglesa

Para terminar

Muchas gracias

A mis compañeras entrevistadoras y compañeros entrevistadores Anna, Bárbara, Carol, Carlo, Catherine, Gilda, Gloria, Giulia, Jean-François, Laurette, Marion, Martina, Mehmet, Nils, Orietta, Paola, Peggy, Sabine, Sophia, Suna, Ute, a la profesora de alemán que prefiere no dar a conocer su nombre y a muchos otros padres, amigos y conocidos, por su sinceridad y mentalidad abierta.

A la profesora Dra. Tracy y al profesor Dr. Meisel, por sus valiosas sugerencias y colaboraciones.

A los y las participantes en las reuniones, congresos, seminarios y talleres, por las interesantes conversaciones y discusiones.

A Anja Möhring de la Sección Especial de Investigación del Plurilingüismo de la Universidad de Hamburgo y a Gunter Irmler, por los comentarios y la crítica; al Dr. Inci Dirim, Mehmet Alpbek, Dorothea Lochmann, Hiltrud Stöcker-Zafari y Ping Ping Luo, por las respuestas que solamente ellos podían darme.

Mil y una gracias a Mauro, que ha hecho posible este trabajo.

Elke Montanari

Observaciones

1. Traducción: Kemal Güler.
2. Suzanne Romaine tiene una cátedra de lingüística en la universidad de Oxford. Esta distribución la he tomado de su libro *Bilingualism* (1995), para el que hizo uso de las ideas de Harding y Riley (1986).
3. Para ser exactos: una de las lenguas empleadas es la lengua del entorno. En Alemania, Austria y en la Suiza alemana se trata del alemán, mientras que en Estados Unidos de Norteamérica, del inglés.
4. Si la adquisición de la segunda lengua no empieza hasta la escuela, habrá importantes diferencias en muchos aspectos con respecto a la adquisición de dos lenguas en los primeros años de vida. Con frecuencia, se hace la distinción entre la «adquisición de varias lenguas desde el principio» y la «adquisición como segunda lengua». La adquisición de varias lenguas

desde el principio, es decir, como primeras lenguas se efectúa durante los primeros años de vida. La adquisición de una segunda lengua consiste en adquirir otra lengua después del tercer año, a veces incluso a partir del cuarto o sexto año de vida. Las edades varían según los autores.

5. Buckley, *Down Syndrome News and Update,* vol. 1, n.º 1, 1998.
6. Por ejemplo, el trabajo de Susanne Mahlstedt (1996).
7. El lingüista australiano George Saunders ha hablado en alemán con sus hijos en un ambiente anglohablante. En un libro informa de sus experiencias: Saunders (1982).
8. Tomado con la amable autorización de *BFN* 18/2001.
9. Tomado de Döpke (1992).
10. Tomado de De Houwer (1999).
11. Tomado de Döpke (1992).
12. Tomado de Döpke (1992).
13. Cif Locke (1983).
14. Werker y Lalonde (1988).
15. Los términos científicos correspondientes son «aprendizaje analítico», aplicado principalmente a la combinación de sustantivos, y una «forma de aproximación holística», que imita mucho, percibe desde un período muy temprano elementos prosódicos, tales como la melodía de la oración. Véase Szagun (1996).
16. Una extensa exposición puede consultarse en Bates y otros (1988), quienes emplean las expresiones «cuerda 1 y 2».
17. Leist (1999).
18. Más información en Szagun (1996).
19. A este respecto: Snow y otros (1976), así como Bakker-Rennes y otros (1974).
20. El término científico es «red neuronal».
21. Tomado de Toprak (2000).
22. Cif: Snow y otros (1976), así como Bakker-Rennes y otros (1974).
23. Hay autores y autoras que emplean el par de conceptos «activo-pasivo». De todas formas, no se puede decir que un niño que se fija en todo lo que oye es pasivo solamente porque no hable.
24. Traducción: Kemal Güler.

25. Estos conceptos se atribuyen a Noam Chomsky. Para más información: Chomsky (1957), (1993), (1994).
26. Tomado de *Corriere d'Italia* 23/2001, semanario italiano de Alemania, Frankfurt.
27. Tomado con la amable autorización de *BNF* 18/2001.
28. Gogolin (1994).
29. Es el título de un famoso trabajo de la lingüista canadiense Shana Poplack (1980).
30. El término técnico inglés equivalente al alemán *umschalten* es *code switching*, es decir, cambio de código.
31. Esta expresión tiene su origen en Weinreich (1953).
32. Esta afirmación fue publicada por Suzanne Romaine (1995), aunque con letras totalmente distintas. Poco antes de la impresión de este libro, experimentamos una gran sorpresa: le rogamos a un hablante de penjabí que leyese estas frases y él nos dijo: «Esto no es penjabí». No lo entiendo». He aquí el motivo de esta afirmación: Romaine emplea una transcripción fonética que resulta totalmente incomprensible a los lectores de penjabí. Esta lengua se escribe en la vieja ortografía gurmuji. Creemos que debemos demostrar nuestro respeto a las culturas y sus lenguas empleando su propia escritura en vez de la occidental o una transcripción fonética. A tal efecto, Amrik Sangha ha puesto por escrito esta cita en gurmuji.
    Romaine tiene el gran mérito de haber escuchado a Padnschabi en Inglaterra y haberlo hecho accesible a la literatura lingüística de Occidente, por lo que merece un profundo agradecimiento. Pero en esta transcripción opinamos que debemos tomar otra decisión. Agradecemos a Surminder Singh Marwaha sus valiosas indicaciones.
33. Según Poplack (1980).
34. Tracy (1996).
35. Leopold, W., según Tracy (1995).
36. Si se sigue el concepto de «bilingüe ideal», Weinreich (1968).
37. Leopold, W., según Tracy (1995).
38. Tracy (1995).
39. Tomado con la amable autorización de *BNF* 18/2001.
40. Tomado con la amable autorización de *BNF* 18/2001.

Todas las traducciones son obra de Elke Montanari, con la excepción de las partes en lengua turca (Kemal Güler) y de las citas que se han tomado de otras publicaciones.

Bibliografía

Arnberg, L. (1987): *Raising Children Bilingually. The Preschool Years.* Clevedon.

Bakker-Rennes, H., Hofnagel-Höhle, M. (1974): *Situatie verschillen in taalgebruik.* (Master's thesis) University of Amsterdam.

Bates, E., Bretherton, I., Snyder, L. (1988): *From First Words to Grammar: Individual Differences and Dissociable Mechanisms.* Cambridge.

BFN: Bilingual Family Newsletter. Multilingual Matters, Clevedon, England. Bezug über: www. multilingual-matters.com.

Burkhardt Montanari, E. (2000): *Wie Kinder mehrsprachig aufwachsen. Ein Ratgeber.* Frankfurt/M.

Chomsky, N. (1957): *Syntactic Structures.* Mouton.

Chomsky, N. (1993): *Language and Thought.* Wakefield.

Chomsky, N. (1994): *Bare Phrase Structure.* MIT Occasional Papers in Linguistics 5.

De Houwer, A. (1999): Two or More Languages in Early Childhood: Some General Points and Practical Recommendations. *AILA News* Vol. 1, no. 1.

Döpke, S. (1992): *One Parent, One Language. An Interactional Approach.* Amsterdam.

Gogolin, I. (1994): *Der monolinguale Habitus der multilingualen Schule.* Münster/New York.

Harding, E. and Riley, P. (1986): *The Bilingual Family. A Handbook for Parents.* Cambridge University Press, Cambridge.

Leist, Anja: »Wir haben gemacht γλνκά« – Kinder auf dem Weg zur Zweisprachigkeit. In: Çelik, H., Hrsg. (1999): *Mehrsprachigkeit, Aspekte und Standpunkte.* Bonn.

Locke, John L. (1983): *Phonological Acquisition and Change.* New York.

Mahlstedt, S. (1996): *Zweisprachigkeitserziehung in gemischtsprachigen Familien: Eine Analyse der erfolgsbedingenden Merkmale.* Frankfurt/M.

Meisel, J.M., Hrsg. (1994): *Bilingual First Language Acquisition: German and French*. Vol. 7 of Language Acquisition and Language Disorders. Amsterdam and Philadelphia.

Meisel, J.M. (2001): *From Bilingual Language Acquisition to Theories of Diachronic Change*. Arbeiten zur Mehrsprachigkeit 30. Universität Hamburg.

Montanari M. und Montanari E., Hrsg. (2001): *Als ich nach Deutschland kam. Italiener berichten*. Freiburg i. Brsg.

Müller, N., Cantone, C., Kupisch, T., Schmitz, K. (2001): *Das mehrsprachige Kind: Italienisch-Deutsch*. Arbeiten zur Mehrsprachigkeit 16/2001. Universität Hamburg.

Poplack, S. (1980): Sometimes I'll Start a Sentence in Spanish y terminó en español: Toward a Typology of Code-switching. *Linguistics* 18: S. 581–16.

Saunders, G. (1982): *Bilingual Children: From Birth to Teens*. Clevedon.

Snow, C., Arlmann-Rupp, A., Hassing, Y., Jobse, J., Joosten, J., Vorster, J. (1976): Mother's Speech in Three Social Classes. *Journal of Psycolinguistic Research*: 5. S. 1–20.

Szagun, G. (1996): *Sprachentwicklung beim Kind*. Weinheim.

Toprak, A. (2000): *Sozialisation und Sprachprobleme. Eine qualitative Untersuchung über das Sprachverhalten türkischer Migranten der zweiten Generation*. Frankfurt/M.

Tracy, R. (1995): *Child languages in contact. Bilingual language acquisition (English/German) in early childhood*. (Habilitationsschrift) Universität Tübingen.

Tracy, R. (1996): Vom Ganzen und seinen Teilen: Fallstudien zum doppelten Erstspracherwerb. In: Deutsch, W. u. Grimm, H.: (Hrsg.): Sonderheft *Sprache und Kognition* 15, 1-2, 70–92.

Weinreich, U. (1968): *Languages in Contact*. Mouton.

Werker, J. und Lalonde, C. (1988): Cross-language Speech Perception. Initial Capabilities and Developmental Change. *Developmental Psychology* 24: S. 672–683.